家居建材销售一定要懂的心理学

道 几◎著

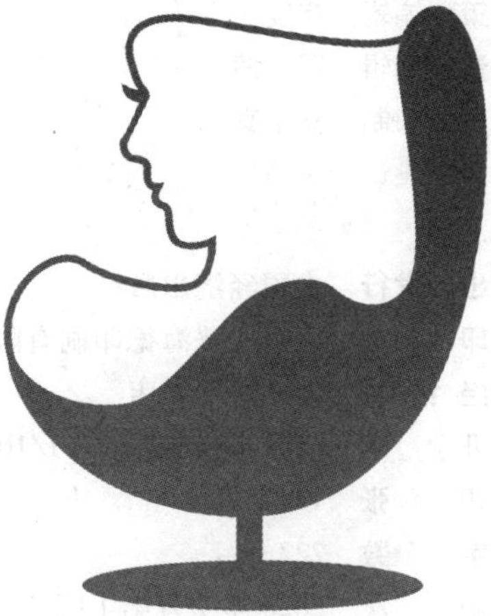

中国经济出版社
CHINA ECONOMIC PUBLISHING HOUSE
北 京

图书在版编目（CIP）数据

家居建材销售一定要懂的心理学/道儿著．--北京：中国经济出版社，2020.7

ISBN 978-7-5136-6250-5

Ⅰ.①家… Ⅱ.①道… Ⅲ.①建筑材料-销售-商业心理学 Ⅳ.①F765

中国版本图书馆 CIP 数据核字（2020）第 132910 号

策划编辑　崔姜薇
责任编辑　罗　茜
责任印制　马小宾
封面设计　久品轩

出版发行　中国经济出版社
印 刷 者　北京艾普海德印刷有限公司
经 销 者　各地新华书店
开　　本　710mm×1000mm　1/16
印　　张　17.25
字　　数　222 千字
版　　次　2020 年 7 月第 1 版
印　　次　2020 年 7 月第 1 次
定　　价　58.00 元
广告经营许可证　京西工商广字第 8179 号

中国经济出版社 **网址** www.economyph.com **社址** 北京市东城区安定门外大街 **邮编** 100011
本版图书如存在印装质量问题，请与本社销售中心联系调换（联系电话：010-57512564）

序
PREFACE

随着中国城市化的快速发展以及房地产行业的持续繁荣，国内家居建材行业度过了顺风顺水的十几年黄金期。

在这十几年里，一小部分业内头部品牌在大浪淘沙中逐渐浮出水面，并在各自的细分领域拥有了强势甚至是绝对的话语权，但在大部分细分领域，仍然是群雄逐鹿的局面，硝烟弥漫中，各品牌方互不相让，你方唱罢我登场，场面壮观，竞争激烈。

在这十几年里，家居建材行业经历了从沿街店到开放市场，从开放市场到半开放市场，从半开放市场到封闭式商场的变化；经营方式经历了从夫妻店到夫妻+团队店，从夫妻+团队店到标准团队店，从标准团队店到公司化运营……

在这十几年里，销售方式经历了从坐店到电话销售，从电话销售到第三方渠道，从第三方渠道到小区推广，从小区推广到单店活动，从单店活动到团购会，从团购会到砍价会，从砍价会到联盟促销，从联盟促销到联盟间常态化运营，从联盟间常态化运营到线上促销爆破，从线上促销爆破到全渠道（现阶段主要是线上+线下一体化）……

在这十几年里，顾客对产品的要求经历了从耐用性到实用性，从实用性到性价比，从性价比到产品美学，从产品美学到产品空间适配性，从产品空间适配性到产品的集成化、整案化、智能化再到轻奢化等变化……

在这十几年里，消费者由60后到70后，由70后到80后，由80后到90后，由90后到00后……

综观整个行业的发展历程，顾客、产品、渠道形态、促销方式及终端运营模式一直在变，当然价格也在变，只是变化形式比较机械化而已。

在考察上述这些要素的同时，我们也会发现，对行业乃至营销过程有深远影响的个别要素从未改变，如消费者想要以他（她）认为的合理的价格买到称心如意的产品或服务的消费心理未曾改变，注意，这里的消费者认为合理的价格并不代表低价；顾客在家居建材消费过程中所表现出来的盲目性，这一现实没有改变；解决方案的施工与安装在终端整个销售价值链中的重要性仍然没有改变；大多数终端经营者凭借主观经验做出决策和判断的决策方式仍然没有改变。

部分要素短时间内也无法改变。如家居建材行业终端销售人员的流动性较大这一现实短时间内很难改变；没有有效组织架构作为执行载体的泛家居联盟常态运营的效率问题短时期内难以得到改变。

部分要素随着科学技术的发展尤其是信息化技术的发展，会逐步得到改变，从而推动行业整体发展。如行业终端运营的标准化和规范化；行业终端从业者的职业素养与专业性会逐步得到改变。

在简要地回顾了行业的发展历程，讨论了相关要素的变与不变之后，我们将视线切换到本书要讨论的重点，即家居建材行业终端，也可以称为行业销售的一线，看看这里正在发生些什么。

做不完的活动；打不完的电话，而且都是一些两句话没说完就被挂断甚至打不通的无效电话；少得可怜的新交付楼盘；冷清的客流；层层传导的业绩压力；难缠的顾客；不给力的产品或厂商；粗心大意的安装工人；讨厌的售后；很难打交道设计师；虎视眈眈的同业竞争者……

这是家居建材行业当前阶段销售一线的真实写照。随着竞争的加剧和厂商品牌建设需要以及对终端重视力度的加强，厂商正在慢慢从原本只提供产品和常规服务的后台角色，向提供产品和常规服务的同时，提供全方位与立体化的辅助运营服务的中前台角色转变。

于是乎，厂商们纷纷成立商学院，设置主动营销部门，配备督导，增加区域销管理人员的配置，有的厂商甚至会派驻指导老师长期驻点在某一处终端，力图通过培训+动销+运营这“三驾马车”来实现赋能终端的目标。

而作为一线经营者的经销商们也纷纷觉醒，忙着到处听课学习，参与联盟内部交流，参加厂商组织的区域乃至公司不同圈层的交流总结会。

我们不能否认厂商的“三驾马车”对于终端绩效提升的作用和价值，甚至当前阶段这也是厂商针对终端建设的主流方式。我们也不能忽略经销商们持续学习的意义，因为这一部分经销商往往都是他们所处在的属地市场中的中坚力量，而且手里握着的都是国际国内一线大牌。我们更加能够理解一线销售人员的辛苦付出和默默耕耘，也正是因为有了他们，品牌营销价值链才会变得更加完整，消费者的需求才能被更好地满足。

但是，当我们把所有感性的水分拧干之后，用理性的天平去称量时，我们仍然会发现这里面存在的一些问题。例如，不促不销；培训现场个个都是豪气干云，回到店面后转瞬间得过且过；听老师讲得头头是道，在工作中却是举步维艰；有厂商人员介入时会有些变化，厂商人员一走立马恢复常态。

之所以出现这些问题和现象，有行业本身的原因，如前文提到的人员流动性大，竞争加剧等；有厂商的因素，如厂商的资源有限性决定了其在一段时间内只能顾及少数一线终端，而且不可能把人力、物力长期投放到一个终端上，即便派驻指导老师介入运营，最多也只是一个阶段；当然还有其他一些客观因素，在此不一一列举。

这些客观因素是所有业内从业人员不得不接受的现实，我们在承认并接受客观因素的同时，更应该把精力放到主观层面，即我们能做什么？我们该如何去做？

事实是，大多数一线销售人员即便在经历了各种学习和实践后，在其亲自参与销售的过程中，仍然会冒出很多“为什么”？为什么销售这么难？为什么店里销冠总是那一两个？为什么一场联盟活动下来签单王总是那几个？为什么我学到的东西总是发挥不出来？

针对行业一线销售人员的指导与培训。往往更加强调告诉一线销售人员应该怎么做，至于为什么这样做，却很少提及甚至根本不提及。本书把对行业销售一线终端运营相关的一些思考与大家做一个分享，也希望能够真正帮助到更多的一线终端销售人员，尽可能地让他们掌握更多的“所以然”。

我们都知道成功签单的前提是顾客对我们产生了信任并接纳了我们的解决方案（产品+服务），因此在整个销售过程中，充分理解顾客及顾客需求将变得非常重要。本书以行业一线销售终端实际工作场景为背景，以顾客消费心理洞察与分析为主线，以针对性策略与建议为指引，力求让更多业内一线销售人员既知道怎么做，也知道为什么这么做。

如果您认为本书的内容对您的实际工作和个人成长有所助益，请您务必分享给您身边的小伙伴儿们，给他指明一个快速成长的途径。

目　录

CONTENTS

第 14 章 顾客心理分类与对策

第一章 电话销售中的顾客心理及应对方式

电话销售作为家居建材行业终端运营的一种获客渠道，因其普遍性、廉价性以及易操作等特点而备受行业终端和广大一线销售人员青睐，但也正是因为这些特点，导致其功效越来越差，因为在信息泛滥的当下，顾客越来越不堪其扰。同一个顾客，每天要接到各种各样的推销电话，其心情可想而知。

依据行业现状，我们站在换位思考的角度来归纳一下电话销售过程中顾客存在的心理，包括因为这种心理可能触发的顾客行为以及应对策略。

防范心理

顾客问“你是怎么知道我号码的?”

马斯洛的需求层次理论告诉我们，安全需要是作为个体的人的基本需要，它普遍存在于我们每一个人的心中。这也正是防范心理产生的根源，因为顾客认为自己的私人信息被泄露，自己的安全受到了威胁。

防范心理可能触发的顾客行为是顾客会反问你：

“你是怎么知道我的号码的?”

防范心理的针对性策略：

◆ 避免错误开场白

虽然安全需要存在于每个人心里，但因为个体差异的存在，每个人在面对同一件事时的反应也不尽相同。事实上，也只有少部分顾客会反问电话号码的来源，但如果开场白不假思索或没有技巧，那么就很容易惹祸上身。例如，笔者曾在走访终端市场的时候听到过这样的电话销售开场白：

“您好！请问您是金域蓝湾3号楼501的顾客黄先生吗?”

笔者不得不替这位销售人员捏把汗。结果可想而知，片刻语塞后，我听到了销售人员将话筒放回机座的“咔哒”声。由此例，我们可以得出这样的结论，顾客的防范心理被激发的概率与我们描述出来的对顾客私人信息掌握的多与少成正比。因此，即便你知道很多，也要有所取舍。

◆ **避免挖坑式回答或赖皮式回答**

现如今，关于顾客反问电话号码来源的这个问题，在行业内流传甚广的一个回答模式是这样的：“我知道您的号码也很正常，毕竟您现在装修，也有需求嘛。”这是典型的赖皮式回答，遇到笑点低的顾客很容易被气到发笑。如果遇到比较执着的顾客再追问一句，大多数销售人员同样会语塞，只不过现实中这类顾客比较少。在行业内流传的另一种回答模式是：“从朋友那里拿来的。”这是典型的挖坑式回答，如果顾客继续追问“哪个朋友?”又将是一场小尴尬和语塞。

◆ **选择合适的回答方式**

销售人员：“您上次不是来过我们店吗？黄先生！我们是做××产品的，我这边的店面顾客登记表上有您的信息!”

顾客：“我没有去过你们店吧?”

销售人员：“也许您太忙，忘记了，没事不急，您可以回忆一下，不然会不会是您家里人来过留的您的信息呢?”增加两个不确定因素之后，顾客也就不会过于纠结了，毕竟在装修之前逛逛市场收集一下信息是一种普遍的消费行为。

腻烦心理

话没说完就被顾客挂断电话

腻烦心理产生的根本原因是各种推销电话的轮番轰炸，卖保险的、卖房子的、卖建材的……既有同业的，也有异业的。

腻烦心理可能触发的顾客行为是在你话说到一半时就被对方挂断电话，干脆利落。

◎ 腻烦心理的针对性策略：

◆ 改变沟通方式

可选择微信、短信等非直接对话性质的沟通方式做尝试性沟通。

◆ 坚持"死缠烂打"

这种策略仅限于在资源极度匮乏或你所销售的产品单值较大的情况下使用。

第一种情况是无奈之选，第二种情况是通过高单值来均化你的时间投入成本。因为顾客的腻烦心理产生的根源是你的这种销售方式，而并不是对你个人或品牌产生腻烦，这就决定了你依然选择这种方式与之沟通的成功概率会变得微乎其微。单值大小的界定依据没有明确的标准，依据当前行业的状况，笔者给出的建议是，平均单值 1 万元以上的产品可视为单值较大的产品。

急躁心理

顾客说"有什么事快说！"

急躁心理是伴随着顾客当时所处的情境而派生出的一种次级心理。在你打电话时，顾客刚好在忙于工作，或忙于赶车，或忙着处理其他事务，现实不允许他与销售人员正常沟通。

急躁心理可能触发的顾客行为是："有什么事快说""现在没时间跟你说！""等有时间再说""在忙了！"……甚至你只说了一半，便挂断了电话。

◎ 急躁心理的针对性策略：

◆ 跳出认识误区

很多顾客在急躁心理下一般说话语气都不会很和气，这导致部分一线销售人员误认为是顾客的腻烦心理的触发行为，因此便不再跟进，进而导致资源被严重浪费。

◆ **调整时间**

换个时间再打，尽可能安排在周末，这样顾客有时间的概率会明显增大。

排斥心理

同性相斥，异性相吸

排斥心理多发生在销售人员与顾客均是同性的情况下，即所谓的同性相斥，异性相吸，当然也有异性间相互排斥的情况，不过概率较低。

排斥心理可能触发的顾客行为是直接挂断或在沟通互动中挂断电话，结束沟通。

◎ 排斥心理的针对性策略：

◆ **性别切换**

和你的异性同事之间交换信息。

◆ **不同性格切换**

在没有男同事的情况下，可以考虑找一个女汉子类型的同事进行切换。标准是走路带风，说话大声，行事果断。

开放心理

顾客愿意沟通并对产品做一个简单了解

开放心理既可能产生于短时间内无装修计划的顾客，也可能产生于有装修计划且有明确产品需求的顾客。其心理产生的缘由是顾客自身的性格使然，说得直白一点就是这一类人比较合群，乐于与人接触。

开放心理可能触发的顾客行为是在有充分时间保障的情况下，顾客愿意与销售人员展开互动式沟通，哪怕当前阶段没有装修需求，也会对品牌或产品做一个简单的了解。

◎ 开放心理的针对性策略：

◆ 针对当前阶段不装修的顾客

简短地介绍一下品牌、产品和店面地址，给顾客留下一个初步印象，选择适当时机结束通话。

◆ 针对计划装修且有明确产品需求的顾客

争取向顾客传递更多的信息，并邀请顾客尽快到店了解产品，因为这一类顾客跟你聊得好，跟你的竞争品牌也一样会聊得好，所以要争取先入为主。

主动权心理

顾客说话很有压迫性，喜欢提问

主动权心理多产生于有装修计划且有明确产品需求的顾客。这也是我们电话销售过程中重点要关注的一部分优质潜在顾客。主动权心理的产生来自顾客的一种潜在心理假设。即作为产品卖方的你主动找到有产品需求的我来沟通，那么将来我在整个消费过程中特别是议价环节将具有一定的主动权，不管怎样，总是好过我主动登门去找你。

主动权心理可能触发的顾客行为是顾客通过各种手段来塑造一个凌驾于你之上的姿态来完成他内心深处的潜在假设。

◎ 主动权心理的针对性策略：

◆ 协助顾客完成姿态塑造

在电话沟通的过程中，尽可能示弱，放低自己的姿态，不要表现得过于凌厉和霸道。

◆ **准确识别**

一部分持有主动权心理的顾客往往说话比较有压迫性，一副唯我独尊的架势，喜欢提出很多的问题，掌握整个沟通节奏。另一部分顾客则刚好相反，他们基本不提问题，也不挂断电话，只在你发问时才做出简短的回答。与第一种类型的顾客沟通，我们只要尽可能地配合就好了，不到必要时刻，不要提问。与第二种类型的顾客沟通，则需要我们来引导整个沟通节奏，并且要让对方能够感受到我们诚恳与和善的态度。

◆ **保持联系**

针对持有主动权心理的顾客，我们要在适当的时间间隔下与其保持紧密联系。让其感受到被重视，即持续维护他的潜在内心假设。

上述六种电话销售背景下的顾客心理是在日常工作中我们经常遇到的或是比较有代表性的，在这六种顾客心理之外，也会存在一些其他的顾客心理。如报复心理，顾客不但会挂掉你的电话，而且在挂掉电话之前会说一些不文明的语言来攻击你以达到报复目的。又如机会心理，顾客不但会和你聊，而且会爽快地邀请你一起吃饭或喝咖啡，如果你问这种问题怎么办，建议把你的同事都带上。这些顾客心理几乎都是极端个案，不具备讨论价值，因此不在此一一展开讨论。

电话销售作为行业终端使用频率较高的一种销售手段，在充分分析顾客心理产生背景及可能触发的行为基础上，笔者给出了策略与方法，但在掌握方法技巧的同时，我们也不能忽视心态在电话销售中的作用，只有秉持良好的心态，掌握有效的技巧与方法，才能保证我们取得更加理想的工作成果。

第二章

小区推广下的顾客心理及应对方式

与电话销售相比，小区推广更为直接，获取的顾客也更加精准。美中不足在于进入小区越来越困难和碰到顾客在施工现场的概率较低。近些年，在人力资源配置严重不足的终端和一二线市场，小区推广渠道渐渐被忽视。但在一些三四线市场，小区推广这一渠道仍然是主力渠道，每当有新楼盘交付，业内一线销售人员便蜂拥而至，热闹非凡。

围绕小区推广这一背景，我们一起来看看顾客存在哪些心理特征，以及针对顾客心理特征我们应如何应对。

戒备心理

顾客直接拒绝沟通、不搭话

戒备心理多发生于顾客新房已经开工并正在施工的情境下，这时候顾客对突然造访的推销人员或多或少都有一些戒备心理。其表现差异主要取决于顾客是理性还是感性消费成分占比较高。其根源来自顾客的内心假设，即你是来赚我钱的。

戒备心理可能触发的顾客行为是顾客不搭话或对销售人员的推销不予理睬，甚至会委婉或直接拒绝。

◎ 戒备心理的针对性策略：

◆ 人数控制

如果没有特殊情况，最好是1对1地与顾客进行交流，很多一线销售人员在小区推广时喜欢结伴拜访顾客，这是不可取的，且不论效率问题，在小区推广时己方人数越多，越容易给顾客带来压力并激发其戒备心理。

◆ **职业形象**

因为小区推广过程中接触到的环境相对恶劣一些，一些销售人员便放低了对个人职业形象的要求，无形中增加了顾客的戒备心理。正确的做法是时刻保持良好的职业形象，这样会缓解顾客的戒备心理。

淡漠心理

顾客应付几句

淡漠心理多发于新楼盘交付的场景下，这时的顾客根本无暇顾及各种建材装饰产品和服务的推销以及如雪片般飞来的单页，他们的目的只有一个，我今天是来拿钥匙的。其根源在于顾客精力的有限性和各种推销的集中式侵袭。

淡漠心理可能触发的顾客行为是顾客对一线销售人员的主动热情漠不关心，最多也就是应付几句，甚至连应付的时间也没有。

淡漠心理的针对性策略：

◆ **知识储备**

作为一线销售人员要想在集中交房时间内获取到更多顾客信息并给顾客留下深刻印象，最首要的工作不是推销你的产品和服务，而是利用自己已掌握的交房流程和相关知识给顾客提供适当的指导和帮助，这就需要我们要有扎实的基本功。

◆ **明确工作目标**

在集中交房期切不可拉着顾客无休止地推销或只将时间耗在几个顾客身上，前者会造成顾客反感，后者时间成本过高。正确方式是在顾客需要帮助的时候尽可能地给顾客提供帮助和建议，然后表明身份并索取顾客联系方式。接着就是不断重复这一动作。

场景模拟

销售人员："恭喜您今天交房啊！您这户型真好，采光也不错，这客厅真不小啊……"选择赞美的方式开场。

顾客反映：一般顾客听了会很受用，并会报以微笑。

销售人员："提醒您一下，我这里有个新房验收的流程和细节，您可以看下！"

销售人员提前做好准备工作，将打印好的带有品牌标识的卡片递给顾客。

顾客：一般会拿过来简单看下。

销售人员："我这里有卷尺，有纸和笔，我来帮您量吧……按照您的这个户型，一般户主会将房子的格局进行……的改造，这样显得空间会大些/通风会好一些/采光会好些！"在有充分准备的前提下，销售人员尽可能地给顾客提供必要的帮助和可行性建议。

顾客："你是做什么的啊？你也是这个小区的吗？"

在得到销售人员帮助后，一般顾客会询问销售人员的身份。如顾客不需要销售人员提供帮助或没有主动询问销售人员的身份，销售人员应主动出击。

销售人员："您好！我是做××品牌产品的，您可以给我留个电话吗？有时间到我们店坐坐，我们店就在××商场/市场。"无论顾客是否留下联系方式，都要快速转移至下一个目标，切忌纠缠。

彷徨心理

顾客会了解产品信息，但不会深入了解

彷徨心理多发生于顾客新房装修施工的初始阶段。在这期间，顾客除了要协调各种关系，还要面对络绎不绝的推销人员，信息纷乱复杂，特别是对于那些没有自住房装修经验的首套房顾客来说更彷徨无措。这种心理源于短时间内协调任务吃紧与信息量的集中爆发。

彷徨心理可能触发的顾客行为是顾客会适当了解一些信息，但不会做深入了解，一是没有时间，二是没有明确自我需求导致的无目的性了解。

◎ 彷徨心理的针对性策略：

◆ 给出合理化建议

在彷徨心理驱使下的顾客通常会犯一些低级或常识性的错误，因此，销售人员应从专业角度给出合理化建议，既可以增进感情又可以树立权威。比如，告诉顾客下一道工序的准备工作和时间安排以及当前工序要注意的一些事项。

场景模拟

销售人员：“您家装修挺快啊！都开始做水电了/贴砖了。您这格局规划得挺好的！”

顾客：顾客一般不会做积极回应，但也不会特别反感。

销售人员：“先生/女士，做水电一定要注意一些小细节，比方说茶几下面最好留个地插，厨房或卫生间最好留出备用插头，方便以后增加设备使用。”

“您这边水电做好，下一步就要贴砖了，贴砖之前卫生间防水一定要先做好，要想好卫生间和厨房是否安装集成吊顶……”

通过谈论顾客当前阶段比较关注的话题，与顾客展开讨论，无论你的建议是否被顾客采纳，顾客均会感受到你的关注，并且会增加你与顾客之间的情感连接。

◆ **明确顾客需求**

通过探寻顾客预算、审美偏好、家庭成员构成等相关信息来帮助顾客确立需求，至少应描绘出一个大概的需求框架，让顾客有迹可循，销售人员自身也能够做到心中有数，为日后的销售工作打好基础。

场景模拟

销售人员："先生/女士，您的房子真不小，装修预算得不少钱吧？您有做装修预算吗？"

顾客："没有！""赶着弄吧！""大概有个预算吧！"

销售人员："现在一般的精装平均都得2000元以上每平方米，简装也得1200元以上每平方米，最主要的现在人工成本比较高！"跟顾客讨论一下当前阶段装修成本相关的话题，一般大概可以了解到顾客在装修预算方面的预期投入。

顾客："现在人工确实有些贵！"

销售人员："家里有老人孩子吧？有老人孩子在选择材料时要尽可能选择安全环保的产品，不能单纯看价格，只顾省钱！"销售人员一方面要充分了解产品潜在使用者的构成，另一方面也要同时提出相关建议，避免目的性太强而引起顾客反感。

顾客一般会回应大概的家庭成员情况。

销售人员："您准备把新房装成什么样的风格呢？您准备选择什么样的主色调呢？好像您这个年龄会喜欢偏中式一点的风格吧？"

顾客一般会与销售人员讨论自己计划装修的风格或市场比较主流的装修风格。

销售人员："一看您就很有品位！现在现代/新中式/简美……这些风格的确装得比较多。"

"还真就被我猜对了。中式如果装得好，确实挺上档次的。"

销售人员可以有意识、有目的地去与顾客展开沟通，既可以收集到一些关键信息，又能增加与顾客之间的互动，从而增进彼此的感情。

求知心理

顾客主动了解产品信息

求知心理一般是顾客新房装修已经进入施工阶段，且有了明确的需求方向时表现出来的一种心理倾向或意愿。

求知心理可能触发的顾客行为是带有这种心理的顾客比较容易接纳各方来客，除了不在需求范围内的产品或服务。顾客一般都会热情友好地与销售人员开展交流，甚至会主动向销售人员了解产品或品牌信息。

◎ 求知心理的针对性策略：

◆ 销售工具组合应用

在小区推广中我们经常能看到海量散发单页的行为，实质上这除了给销售终端增加了广告费用成本，给小区保洁员增加工作量外几乎没有太大的价值和意义。产品的单页、宣传资料一定是提供给那些带有求知心理的顾客才能产生它的价值。除了单页和资料外，如果销售人员能准备一些其他销售工具与单页和资料组合运用会取得事半功倍的效果。如可以通过手机或平板电脑的产品或实景效果图来增加顾客对产品和品牌的了解。再如可以带一些产品的原材料或小块样品来加深顾客对产品的认知。

◆ **顾客教育**

顾客教育可以理解为顾客在消费过程中受相关人员的直接或间接影响而建立起来的一套评价产品或品牌优劣的标准或方法。可别小看了这些标准和方法，至少在当前阶段，它仍是家居建材行业终端销售中各大品牌广为使用的一种销售手段，也是很多销售高手惯用的方法。简单点儿来说，就是你要告诉顾客，怎样来判断某种产品或某个品牌的优劣。会使用顾客教育方法的销售人员不一定能成为销冠，但销冠一定是会使用顾客教育方法的人。

从众心理

顾客希望看到别人实际装修效果

从众心理作为一种普遍性消费心理，广发于新交付楼盘集中装修的中后期。在集中装修的中后期，一部分先动工的顾客要么已经完成装修、要么装修已经进入中后期，实际装修效果已经可以直观地呈现在人们面前，这为顾客从众心理的产生提供了物质条件。从众心理产生的根源是顾客为了避免决策不慎或决策失败而给自己带来直接或间接损失。例如，当我们来到一个陌生的地方想找个地方吃饭时，我们更习惯或更倾向于选择人多的地方。

从众心理可能触发的顾客行为是顾客会以他认为的实际装修效果比较好的其他顾客的装修效果为标准，或全部盲从，或在产品选择与空间规划方面有选择性地跟随。

从众心理的针对性策略：

◆ **巧用样板房**

如果你的品牌已经在这个小区内有了样板房，那么你就要把它充分利用起来，特别是当你遇到从众心理较强的顾客时，这是最好的应对方式和工具。既可以让意向顾客直观地看到产品效果，又可以增加其信任度。

这里需要说明的是样板房不同于你在这个小区的第一个顾客，很多销售终端将新交付楼盘的第一个顾客视为自己的样板房，这是一种误区。之所以这么说是因为，样板房要满足两个基本条件：第一，有良好的产品呈现效果；第二，样板房顾客会给予适当的配合。而你的第一个顾客未必能同时满足上述两个条件。

◆ **移花接木**

当你发现你的潜在意向顾客具有强烈的从众心理，而他所在的小区恰恰又没有样板房可用时，怎么办？这时你只能从样板房数据库里择选一个位置近、格局风格与你的意向顾客有较高匹配性的样板房加以运用。这类样板房在运用时要充分地与顾客进行沟通协商，保证对方有足够的意愿和时间来配合你完成这个任务。

在小区推广场景下，顾客除上述五种心理外还有其他一些心理倾向。如封闭心理、开放心理和异同心理。因为不具备代表性和识别困难本书将不予讨论。通过梳理上述五种心理我们可以发现，除从众心理外，其他几种顾客心理与顾客当时所处的情境与施工阶段有紧密联系，因此，我们在终端实际销售过程中可以按照先分析顾客所处情境与施工阶段再分析顾客心理的顺序来思考，这样更加有助于我们对顾客心理的把握和经验的累积。

第二章

短信、微信等即时聊天工具营销中的顾客心理及应对方式

短信沟通泛指销售人员日常工作中通过移动通信工具与顾客进行的信息交换和互动的过程。因为当前阶段各种短信沟通的方式中，手机短信越来越少，所以我们这里所说的短信沟通，可以理解为是以社交软件为基础的短信沟通。

在以社交软件为载体的沟通互动场景下，顾客会存在哪些心理？这些心理又折射了哪些动机？让我们一起来梳理一下。

质疑心理

顾客质疑销售人员如何获取的信息

质疑心理常常发生在我们加陌生顾客为好友并获准通过的背景下，因为顾客对我们一无所知，必然会对我们的身份产生怀疑，这主要源于顾客内心的安全需要。

质疑心理可能触发的行为是顾客会询问销售人员的身份以及销售人员是如何获取到他的信息的。

质疑心理的针对性策略：

◆ **亮明身份**

直接告诉顾客你的身份，这也是大多数销售人员都会做的一件事情。包括你叫什么名字，做什么品牌或什么产品等。

◆ **亮明有价值的身份**

“您好，王先生，我是××品牌的家装设计顾问，我在装修行业已经快5五年了，服务过很多像您一样的顾客，如果您在装修这方面有什么困惑，可以随时联系我，我很愿意帮忙。”有些人可能会问，我不是销售人员吗？我怎么成了家装设计顾问了？对于首套房初次装修的顾客来说，你就是顾问，如果你资历尚浅，那你的同事或者你的上级（包括老板）中的一个人也一定是。我们不需要纠结文字上是还是不是，我们要做的是告诉顾客我们能为他做什么，能为他创造什么价值。再通俗一点理解，你实际上代表的是整个你所处的销售终端这个整体，如果这么理解，你甚至可以在顾问前面再加上两个字——“资深”。

◆ **关于追问信息来源的回复**

当顾客质问你是如何获取到他的信息时，我们可以借鉴前文电话销售中关于此类问题的回复方式。

戒备心理

顾客仅做“嗯”“啊”“好的”“知道了”应付式沟通

戒备心理是指顾客在明确销售人员身份后对销售人员的真实目的和意图尚未完全明了时所表现出来的一种防御性心理。其根源仍然是安全需要。

戒备心理可能触发的顾客行为是顾客不与销售人员展开互动式沟通或勉强展开互动式沟通。如顾客在销售人员亮明身份后不再回应，或是在销售人员的引导下仅做“嗯”“啊”“好的”“可以”“知道了”等应付式沟通。

戒备心理的针对性策略：

◆ **避免错误**

很多销售人员加上顾客好友简单做个自我介绍后，便开始大肆发送品牌、产品相关信息。潜在顾客一不留神就被这一波信息炸弹搞得眼花缭乱。这样做是不可取的。有些人可能会说，我成交的订单里就有这样的顾客啊！那么请问，这样的顾客有多少？他们的单值又是多少？把你从好友名单中删除的顾客又有多少呢？所以我们要多学习，学习有用的方法，就算学了你的能力没有提高，但至少可以避免一些低级错误。避免了低级错误同样可以提高你的成交率。

◆ **控制好沟通间距与内容量**

针对持有戒备心理的顾客我们切不可频繁地给对方发送信息，要控制好节奏。具体两次信息发送的时间间隔以多久为宜，没有一个固定答案，顾客心理戒备程度、不同地域文化下的顾客、不同性格的顾客其反应均有所不同，可以给出一个底线时间供大家参考，那就是不要低于3天，上限大家可以根据实际情况灵活掌握。所谓内容量即是在戒备心理条件下，顾客往往会根据信息频次和信息量的多少来判断你的目的性。因此，内容宜少不宜多。

欲擒故纵心理

顾客突然从热情变得冷淡

欲擒故纵心理是指顾客已经有了明确的购买意向，但为了能够实现他认为的以最低价格成交的目的而表现出来的一种无所谓的姿态和心理。

欲擒故纵心理可能触发的顾客行为是顾客突然间变得冷淡，不再热情，或者每当销售人员跟进沟通时必以价格作为杀威棒。

欲擒故纵心理的针对性策略：

◆ **再次邀约到店**

通过再次邀约到店，了解顾客内心的虚实。如果顾客持有的是欲擒故纵心理，那么多数情况下他会找各种借口或理由短时间内不到店。如果顾客确实认为价格高，他一般会配合销售人员短时间内到店沟通价格问题。如果是上面第一种情况，请参考下文的解决方案。如果是第二种情况，建议调整产品价格或解决方案的预算。

◆ **声东击西**

每次顾客举起价格杀威棒时，销售人员可以还给他一份关于品牌与产品的价值清单。

短信沟通贯穿于顾客的整个消费过程，因此绝不是上述五种心理能够全部概括的，其复杂性与变化性也非文字完全能够勾勒与描述的。越是成交前顾客心理越复杂，其触发行为也就越变化多端，因此仅将初始阶段到意向阶段的一些关键节点的顾客心理做整理供大家参考，具体在实际工作中的运用，大家还是要遵循多总结、多分析的原则，避免照本宣科，必要时可以通过店面内部会议的形式与同事相互交流，以提高对顾客心理的整体把握能力。

考察心理

顾客简单问问价格和品牌相关信息

考察心理是指顾客放下了戒备心之后，在有明确产品或服务需求又不排斥销售人员的前提下所持有的一种带有评价倾向的心理。其根源来自顾客的不信任。

考察心理可能触发的顾客行为是顾客会尝试性地与销售人员做基础层面的互动交流。所谓基础层面就是说双方的交流还停留在表层，没有深度沟通。如简单地问问产品价格与品牌相关信息，但顾客不会就某一个问题进行追问，更不会表达自己的喜好与态度。

考察心理的针对性策略：

◆ **客观性原则**

与带有考察心理的顾客沟通，销售人员一定要秉持客观性原则。所谓客观性，就是销售人员不要过分夸大和吹嘘自己的产品或品牌，不攻击同业竞品，在表达观点和立场时尽可能不要含有过多的主观色彩。

◆ **传递实证信息**

销售人员在介绍产品或品牌时，要尽可能传递一些实证信息。所谓实证信息，即信息本身的真伪很容易鉴别或信息的确凿程度比较明显。

如在介绍品牌荣誉时，连同证书图片一并发送给对方。在给顾客传送实景案例时告诉顾客这个效果图的出处，如本图拍摄于王府花园小区6号楼301顾客赵女士府邸，拍摄时间为2019年3月29日上午。如果你悟性再高一点，把赵女士电话也附在上面，并建议对方可以打电话询问赵女士产品使用情况等。前提是赵女士有较高的顾客满意度，否则万一顾客打电话过去，刚好赵女士有个售后还没处理，那么你将晚节不保。所以，此法要慎用。

开放心理

顾客深入了解产品工艺、价格优惠力度等

开放心理是指顾客通过各种方式和手段在充分了解产品、品牌及销售人员的基础上，对产品或品牌产生了一定兴趣，或对销售人员给予认可后表现出来的一种心理倾向。开放心理也可以理解为顾客对产品、品牌和销售人员产生了初步的信任。

开放心理可能触发的顾客行为是顾客不再设防，可以与销售人员开展良好的沟通与互动，甚至会追问一些深层次信息，如产品工艺、价格优惠力度和相关服务等。

开放心理的针对性策略：

◆ **邀约与解决方案**

如果顾客到了这个阶段还没到店，就一定要设法邀请顾客到店。如果顾客已到过店面，那么要尝试与顾客沟通针对顾客需求的可行性方案，包括产品与服务。

◆ **增进感情**

因为前面的铺垫和相互了解，双方的基本情况大致都有了一个基本了解。因此销售人员要善于抓住一切可以利用的线索去增进与顾客的感情。产品、价格、品牌不相上下的情况下（至少在顾客心里是这么认为的），最终胜利的一定是顾客感觉良好的那一个。这也是为什么明明很有意向的顾客结果销售人员跟着跟着就没有下文了。

开放心理阶段我们可以做很多事或有很多种策略，由于篇幅所限在此不一一列举。大家可以在团队内部自行总结并加以运用。

第四章

店面销售中产品介绍时的顾客心理及应对方式

产品是什么？产品是能够提供给市场以满足其需求和欲望的任何有形和无形的物品。有形是指产品的形态是以物质存在的，如你是卖瓷砖的，你的产品就是瓷砖，这个瓷砖有规格大小，有厚薄，同样还有质量。无形是指非物质的，通常是以服务的形式存在。如瓷砖安装师傅提供的服务是按照设计要求和施工标准将瓷砖铺贴好，这种服务就是非物质的，可以理解为是无形的物品，但它同样是产品。

按照上述有关产品的定义，一个以销售瓷砖为主营业务的终端它的产品除有形产品瓷砖外，还包括无形产品，如量尺、设计、送货、安装等。为了便于理解，本节只针对与有形产品相关的问题展开讨论，与无形产品相关的问题将在后面的章节中加以讨论。

凡是潜在意向顾客与销售人员就产品问题展开讨论或询问时，可以充分说明顾客是有产品需求或对品牌与产品产生了一定的兴趣，我们要做的就是根据顾客的问题，分析顾客的动机与心理，再用正确的方式去应对。

求知心理

“这是什么材料的？”

求知心理是指顾客无法通过产品外部特征了解其工艺、材料或结构等产品关键信息，希望通过专业人员的解读来提高对产品的深度认知的心理倾向。

求知心理可能触发的顾客行为是顾客会询问一些有关产品的深层次信息。

问题 1："这是什么材质的?""这用的什么材料?"

问题由来：顾客不懂产品的材料构成或根据产品外观无法做出判断。

问题点分析：顾客有深入了解产品的需求，而且比较注重产品质量。

◎ 常见应对方式：

"这个是××材料的!"

很多老师告诉我们，销售过程中要主动多提问题，充分了解顾客需求，这样你才能更容易成交。笔者也想告诉你，其实回答问题在销售中的重要性绝不亚于提出问题，特别是针对那些刚入行资历尚浅的新人来说更是如此。因为老师只告诉你主动提问的好处，并没有告诉你主动提问的前提，前提是你有能力驾驭一次沟通或一次完整的销售过程。离开这个前提，老师的话也只是道理。

◎ 有效应对方式：

方式一："这个是×××材料的，这个材料……这个材料最大的特点就是在××××使用环境下，会带来××××使用效果/作用/价值。"有点感觉吗？这就是普通销售和销售高手的区别。

方式二："先生/女士您看，这款产品的芯材是××材料，边材是××材料，面层是××材料，内部是××材料，外部是××材料……"这种应对方式怎么说不重要，前提很重要，前提是你得做好准备工作，店里要准备好产品原材料的样件。

从常见应对方式到有效应对方式，从方式一到方式二，我们不难看出，在面对同一个消费者的同一个问题时，不同销售终端的不同销售人员会有多种不同选择。遗憾的是，从笔者走访全国市场后的实际了解来看，即便是国内一线品牌，抑或是国际大牌，能做到方式二的几乎是凤毛麟角，即便是方式一在一个中高端建材商场里也是屈指可数。

类似问题还有，“这个产品的工艺怎样”“内部结构如何”等，也可以按照上面的方法进行有针对性的回复。我们也欣喜地看到一部分品牌为此付出了努力，如卫浴店将马桶切开一半作为销售道具放在店内，实木门门店将一扇门切开一半放置在店内，实木家具店将半成品（未涂装油漆）桌椅摆放在店内或成品做切边削角处理，虽然这些销售道具并不是专门针对这一类问题所设，但是它的存在对销售人员解读产品工艺及产品深层次信息起到了不可替代的作用。

问题 2：“产品是哪里生产的?”“你们的厂家在哪里?”

问题由来：顾客在店面没有找到有关产品的产地信息。

问题点分析：顾客可能会通过产品的产地相关信息与产品的质量相联系，这是顾客的消费经验与消费观念诱发的一种心理倾向。

◎ 常见应对方式：

“我们厂家在××”“在×××地，××产品基本都是×××生产的！”

◎ 有效应对方式：

“看来您是个很细心的人，我们厂家在×××，这是我们的产品手册，上面有我们厂家的详细地址！”

如果是价格标签上有，而顾客没有留意到，也可以指明价格标签的位置并告诉顾客厂家的地址。大多数持有求知心理的顾客多半也是理性消费者，因此销售人员要尽可能地在传递信息的过程中保证信息的有效性和可信度，以提高与顾客的沟通质量。

求安心理

“你们的产品环保吗?”

求安心理是指顾客在选购产品的过程中，出于对自身及家人安全考虑而持有的一种追求产品使用安全性的心理倾向或偏好。这种安全性既包括了产品的物理性安全，如是否环保；也包括了产品作为中介因素可能存在的安全风险，如担心瓷砖太滑导致家里老人、小孩摔倒。这是一种普遍性的消费心理，因而此类问题在销售终端出现的频次也是较高的。

求安心理可能触发的顾客行为是顾客会主动询问或关注产品的使用安全性与潜在风险。

问题1：“你们的产品环保吗?”

问题由来：随着社会经济的快速发展，环保意识与概念的普及以及消费者受教育水平的提高，越来越多的消费者，特别是一些新兴消费群体意识到了生活环境对自身健康的影响。而家庭作为生活环境的主要场所，装修过程中的材料选择更是重中之重。

问题点分析：顾客非常重视产品的环保性能，希望能从销售人员这里获取更多的产品环保方面的信息。

常见应对方式：

方式一：“我们的产品全部选用符合国家标准的材料/我们的产品是原装进口的，产品都是达到欧盟/国家标准的，绝对是环保的，这点您尽管放心!”

方式二：“我们的产品都是达到国家标准的，肯定环保啦!”

方式三：“您放心好了，一般大品牌都是环保的，要不然也不能做这么大!”

◎ 有效应对方式：

方式一："看来您真是一个注重生活品质的人，可以负责任地告诉您，××品牌的产品环保性能完全符合国家/欧盟标准。这是国家权威机构的检测报告/这是国际权威机构的环保评审，这是企业环保资质认证证书，这是××工程选用我们产品的案例。除了这些，我们还承诺，只要你选择我们的产品，我们可以给您写份保证书，如果在后续使用过程中产品环保方面不过关，我们愿意为此承担全部责任。"

方式二："这个您放心好了，××市的×××（最好是有一定影响力的公众人物，实在没有，老师、医生两种职业的顾客择优二选一）别墅装修都是用的我们的产品，他还给我们介绍了一些顾客，他家选的是这一款产品，跟你看好的这个是一个系列，他们都很挑剔的，如果环保不过关，他们自己都接受不了，更别说介绍顾客了！"

方式三："看来您的环保意识很强，但有时，环保不环保光凭嘴说，无法判断真假。这样吧，我来给您做一个测试，环保不环保，一测就知道。您看看/闻闻，这是市场上的杂牌劣质产品，您再看看/闻闻这个，这是我们品牌的产品！"

问题 2："表面看上去很滑啊？"

问题由来：消费者个人或家庭成员在以往生活经历中发生过因滑到而引发的安全事故，或受其他因素影响将产品的特征与安全风险联系在一起。

问题点分析：顾客通过对产品表面质地与工艺的感知，分析产品可能存在安全风险，希望通过销售人员获取更多产品安全性方面的信息，以此来印证自己的判断或增加自己对产品安全性判断的客观性。

◎ 常见应对方式：

"放心吧！不会的。"

“不会，到目前为止还没有顾客跟我们反映您所说的问题。”

“一般不会的，除非地上面有水。”

有效应对方式：

方式一：“看来您很注重产品的安全性，整个行业的产品表面工艺都是大同小异的，除非仿古或哑光的可能看起来会好些。这些都不重要，关键看我们选择什么样鞋底材质的拖鞋，如果您选择这款亮光的，我建议您选择胶底材质的拖鞋，包您不会滑，绝对安全。”

方式二：“您稍等……先生/女士，您看这是双胶底拖鞋……您看，不滑吧？您自己试一试！”

问题3：“你们的产品怕水吗？”

问题由来：

第一种情况是顾客既往生活经历中曾遇到过正在使用的产品不耐水的困扰，但值得注意的是这有可能是消费者使用不当造成的，如用未拧干的带水拖把清理地板，花盆直接放在地板上，浇水时不加注意，墙壁防水质量不过关导致壁纸发霉等；还有一种可能是顾客为了贪图便宜而选择了杂牌劣质产品。一般大概率是使用不当造成的，但顾客一般不会承认是自己的问题。也有一部分确系产品本身质量不过关。

第二种情况是顾客对使用环境风险存在的担忧，希望通过产品的选择或产品的特异性能，来规避这种风险或降低因为风险可能带来的损失。

第三种情况是顾客受外界因素影响增加了对此类问题的关注或提高了对此类问题的认识。如亲友或邻居家里出现过类似产品不耐水的困扰。再如行业内其他销售人员在介绍自己产品卖点时，强化了顾客对产品耐水性的认识。

问题点分析：顾客通过对产品的外观或原材料的考察无法研判产品

的耐水性能，或对于耐水性能的尺度如何界定比较困惑，希望能从销售人员处获得更多相关信息。

常见应对方式：

方式一："一般正常使用是没问题的，只要不泡水就行！"

方式二："这个您尽管放心，我们的产品都是经过防水处理的，耐水性能非常好！"

有效应对方式：

方式一："看来您还是蛮有经验的。实不相瞒，您所考虑到的问题，我们厂家的产品经理早就帮您考虑过了，您看，我们这款产品是经过×××工艺，在这个地方做了××××处理，水根本就进不去……"通过工艺讲解和实验，让顾客真正领略到产品的价值。

方式二："看来您还是蛮看中产品防水性能的，产品怕不怕水这个问题是相对的，比方说你在产品使用中不小心洒了一杯水，只要及时擦干，即便不及时，当你发现时擦干也不会有太大问题。但如果花盆下面长期压一摊水，拖把不拧干就拖地，再好的产品都会出问题。这主要是针对木地板说的。再如浴室里的水龙头如果长期滴水，整个房间泡水，那么只要是木制的材料谁也不敢保证不出问题！"此法一方面是对消费者的提问给予客观回答，最主要的还是通过对使用不当等行为的描述规避一下售后风险，假设顾客以往曾出现过使用不当的情况，他自然会斟酌评估如何做出购买计划和选择。

方式三："如果把产品放到水里泡都没问题，那只能说明这款产品的耐水性能比较好。但衡量一款产品的优劣不能只看一个指标，原则上讲，排除工艺原因，产品耐水性能越好，含胶量越高。而胶的主要成分是甲醛。因此品牌厂商从为消费者负责的角度考虑，一般都会把环保指标放在首位，因为事关消费者一家人的健康，这不是小事。您也犯不上为了避免一些潜在风险如房间泡水之类的小概率事件而忽视了家人的健康吧！”这是针对竞品对消费者提前教育下的反制措施，在使用之前需要明确是否顾客已经被教育。

求便心理

“好打扫卫生吗？”

求便心理是指顾客在消费过程中，充分考虑产品的使用便利性以及产品使用过程中的维护成本等因素而倾向于选择那些使用便利性更高或使用维护成本更低的产品的心理倾向。

求便心理可能触发的顾客行为是顾客会质疑产品的使用便利性和产品使用的维护成本。

问题1：“好打扫卫生吗？”

问题由来：顾客既往生活经历中遇到过使用便利性较差或维护成本过高的产品。例如，楼梯、各类门、门板或家具的雕花；木地板、瓷砖的拼缝；厨房、卫生间的吊顶；沙发座椅的外套；水晶吊灯等。

问题点分析：顾客通过对产品外观的观察与分析，认为可能存在使用便利性较差或维护成本过高的风险。

常见应对方式：

方式一：“放心吧，这卫生很好做的，脏了用湿抹布擦一下就好了。”

方式二：“好做，我们店里不都是吗？再说您家里不可能像我们店里灰尘这么大！”

有效应对方式：

方式一：“看来您是一个勤劳又爱干净的人，估计老房子的时候，吃了不少苦头。是这样的，这款产品给人第一感觉确实卫生不太好打扫，但是只要咱们工具和方法选对了，就不用担心了。就拿这款产品来说，您买回去之后，可以选择×××工具，先……然后……再……就好了，只要按照我教您的方法去做，保证您能轻松搞定，如果我教您的方法不管用，那么这款产品的清洁任务我们包了。”以地板或瓷砖拼缝清洁为例，顾客在使用过程中选择平板拖把还是毛线与布条拖把，其清洁力度和效果还是存在一定差距的。以楼梯、各类门、门板或家具的雕花为例，选择大小、软硬适中的毛刷与选择普通抹布在清洁效果或时间成本耗用方面同样存在一定差距。

方式二：“您算是走对地方了，我们产品的最大卖点就是耐脏、好清洁、易打理，您看啊，我给您做个试验，您看这很脏吧，您再看看，干净了吧？”

方式三：“您还真就来对了！您看的这款产品我们每年有一次免费上门清洁保养，因此，您不用担心清洁问题。现在大品牌都是比较重视服务的。”此法前提是你的终端确实提供这种服务。如一些厨卫电器或高端灯饰品牌为了促进销售或建立品牌口碑确有提供此类服务。

求质心理

“一般能用几年？”

求质心理是指消费者对质地精良、性能稳定、经久耐用及使用环境适应性等产品质量比较注重或有较高追求。

求质心理可能触发的消费者行为是消费者会主动询问、质疑产品质量，或对产品的样件进行非常规测试。

问题 1：“一般能用多久？”“一般能用几年？”

问题由来：家居建材属耐用消费品，价值也都比较大，消费者对这一类产品使用预期都比较长，因此会比较关注产品的耐用性。部分消费者可能存在以往产品使用耐用性较差的不愉快体验。

问题点分析：顾客无法也没有专业鉴别能力去判断产品的耐用性，只能通过询问的方式，来收集更多有关产品使用耐用性方面的信息，最后根据汇总信息做出自己的独立判断。

常见应对方式：

方式一："这个您尽管放心，几十年都不会坏！"

方式二："这个不好说的，也要看怎么用吧，就跟穿鞋一样，有的人一双鞋可以穿两年，有的不到半年就坏了……"

有效应对方式：

"正常使用下，我们质保15年。"

问题2："你们的产品耐刮吗？""这很容易刮花吧？"

问题由来：消费者依据产品工艺或外观结合自己的生活经验判断出产品存在潜在使用风险。

问题点分析：顾客可能存在对亮光表面质地产品的偏好但又不想为此承担产品表面刮花的风险。

常见应对方式：

方式一："这种亮光面的都不怎么耐刮，要不您选择哑光面的吧。"

方式二："没办法，油漆面的多少都会有些不耐刮！"

方式三："可能多少都会有一点刮花吧，但不仔细看，看不出来。"

有效应对方式：

方式一："看来您很注重细节，因为这款产品是××工艺，您有这个顾虑是很正常的。不过这款产品表面采用的是××材料，有很强的耐刮擦性能，您尽管放心……咔哧……咔哧，您看，好好的！"产品不给力的切勿模仿。至于你用什么物件做测试，产品不同工具也不尽相同。

方式二："因为这款产品表面是烤漆的，又是亮光工艺的，对比哑光面工艺在耐刮擦方面确实要逊色一点。但是它的美感也是哑光面所不具备的，一般在使用时小心一点，是不会有太大问题的！”通过强化产品工艺优点，来淡化产品工艺弱点，至少也要让顾客站在客观角度去看待产品，而不是只盯着产品可能带来的使用风险。

问题3：“容易褪色吗?”“慢慢会有色差吗?”

问题由来：顾客有类似的产品使用经历，或其周边有出现过产品褪色事件。

问题点分析：顾客希望销售人员能够解答疑惑，其目的不只是了解产品本身，也有可能是在追溯原来的产品使用经历中出现褪色的原因。

◎ 常见应对方式：

方式一：“不会的，这颜色在里面又不是外面，又磨不到它怎么会褪色呢。”

方式二：“只要不在阳光下暴晒，是不会出现这种情况的。”

方式三：“用久了都会有一些吧。”

◎ 有效应对方式：

方式一：“说不褪色那是骗您的，但是造成产品褪色的原因有很多，要具体情况具体分析。如长期暴露在阳光下，在这种使用环境下是会出现一定的褪色情况的。莫说是产品，就是人也一样会晒黑。不过这种情况我们是可以控制的，比方说您加装一个纱帘，遮挡一下阳光就好了。再如，产品使用超过七八年，基本就会出现一些老化的迹象，不过这您也不用担心，因为只要是产品都会出现这种情况，而且老化是同步老化，不会出现明显的色差。又如，排除上述两种情况，产品使用中短时间内出现严重褪色，那一定是产品质量出了问题，不过这您也不用担心，因为作为品牌方会为您负责到底的，这也正是为什么建议您一定要选择品牌的原因。”站在客观的角度，用平和的语气来消除顾客的顾虑。

方式二：“如果是因为产品本身质量问题造成的褪色，作为行业一线品牌，我们负全责！”

问题4：“隔音效果好吗?”“隔音怎么样?”

问题由来：此类问题在门窗店面出现频次较高。问题产生的原因可能有以下几种：第一，顾客原来的门窗质量比较差，导致使用体验较差。第二，顾客处于非常规使用环境下，对产品的性能有超常规的要求。如其所在小区紧邻铁路线、靠近机场、矗立于高架桥旁边、毗邻闹市（早市、夜市）等。第三，顾客存在神经衰弱、失眠等身体健康问题或喜静不喜闹。

问题点分析：顾客通过产品外观无法体验到其所关注的隔音性能，而影响其购买决策的最大因素恰恰就是产品的隔音性能。

常见应对方式：

方式一：“很好啊，现在这种铝合金门窗都比较隔音。”

方式二：“我们是铝合金门窗行业十大品牌，隔音肯定没问题！”

方式三：“您来对了，我们的产品最大卖点就是隔音好。您看啊，我们这个门窗都是双面中空玻璃，铝型材也是用的好的，密封性也比较好，所以隔音这方面您就不用担心了。”

有效应对方式：

“隔音这种东西，我说得再多也没用。不用您也不知道，您说是吧！麻烦您跟我来一下，给您体验下……咕咚……咕咚……现在声音很大吧？……现在呢？……”注意观察顾客的表情，一般状况下顾客或多或少会流露出一点儿认同的神色。

假设在同一建材商场的两个铝合金门窗品牌的产品高度同质化，即铝型材的规格厚度相同，玻璃材质及工艺相同，断桥铝结构工艺相同，唯独款式与颜色外观略有差异，那么假设A终端运用了常规应对方式，而B终端运用了有效应对方式，结果会怎样呢？结果就是作为非专业人士的顾客会认为B终端的产品要优于A终端。再退一步假设，B终端的铝合金型材可能要比A终端薄一些，或产品总体配置略低于A终端，在A终端和B终端的应对方式不变情况下，我们同样有理由相信顾客会更加倾向于认为B终端的产品要优于A终端。这就是在充分竞争条件下，因为销售人员个体的销售技能差异所带来的终端综合竞争力差异，也是为什么那么多一线品牌终端经营者想尽一切办法，投入更多资源提升团队销售技能的原因，毕竟现在的一线品牌乃至二线品牌都处于充分竞争条件下。

说一万句，不如给顾客体验一次。但是如果你所处的商场（市场）铝合金门窗品牌店面都在这么做怎么办？你在给顾客体验完隔音效果之后，还可以多说两句："我们家服务的顾客很多都是靠近机场，临近铁道的，要不就是失眠或神经衰弱的，不过也有一些老房翻新的。"为什么要加上这句话呢？加这句话的目的是与顾客做多维度趋同链接。道理解释起来比较烦琐，涉及心理学深层次的分析，用简单通俗方法来解释就是给顾客营造一种"找到组织"的感觉。

求同心理

"哪种产品卖得好？"

求同心理是指消费者在消费过程中所表现出来的因为没有明确购买方向而趋向于与大多数人的选择相一致的心理。

求同心理可能触发的顾客行为是顾客会主动询问市场热销产品。

问题："你们店哪种产品卖得比较好？""现在比较流行什么款式？"

常见应对方式：

方式一："也没有说哪一款比较好吧。这个主要还是看个人喜好。"

方式二："这还真没统计过，都差不多吧！"

方式三："这个真不好说，今年可能这款卖得比较好，明年可能那款卖得比较好，不一定。"

◎ 有效应对方式：

方式一："目前我们店里卖得比较好的款式主要是这款，这款，还有那一款，这三款各有各的有优点和特色，您家里什么情况，可以简单给我介绍下吗，我可以根据你的实际情况帮你推荐最适合您的那一款！"

方式二："请问您是什么装修风格？……嗯，明白了，像您这种情况，很多顾客会选择这一款，也是我们店里目前卖得比较火的一款。这款产品最大特点就是……"

顾客在没有明确的需求方向或选择目标时，更倾向于大多数人的选择，这是一种求同心理的表现，而如果我们的回答也是模棱两可，似是而非，那么不但顾客会有微妙的心理不适，我们也失去了掌握一场沟通或销售过程的主动权。

第五章

店面销售中品牌介绍时的顾客心理及应对方式

在当前社会经济环境下，受消费环境与消费观念不断变化的影响，消费者的品牌消费意识越来越强，各行各业都充斥着品牌消费的观念。究其根本，一方面是作为消费者的产品最终顾客在使用品牌产品后获得了良好的使用体验，部分产品使用体验甚至大大超过消费者购买前的期望，这种对产品的高满意度会影响消费者的下一次购买行为，即会强化其品牌消费意识。随着品牌消费范围的扩大，这种类似的正向心理激励会不断捶打消费者的品牌消费理念，直到其趋向稳定与固化。

另一方面是消费者在既往消费过程中，有因为忽视了品牌因素而最终导致非品牌产品使用体验较差的情况，这种反向心理激励同样会影响消费者的下一次购买行为。

在同一个消费者身上，通常是正向激励与反向激励同时或交替发生，这种正反向心理激励的交融会产生强化消费者品牌消费意识的催化剂——第三种力。第三种力也可以视为消费者品牌消费观念的客观基础或佐证。

除此之外，产品生产厂家及终端销售人员的宣导及教育，经济全球化带来的消费文化入侵，消费者的个人工作与生活经历，社会交往中的人际因素均会影响消费者的品牌消费观念。

为了便于大家理解，我们可以通过一个案例来解释一下上述正反向心理激励与第三种力在实际消费中的产生过程及彼此的关系。

例：王女士因为生活在南方，气候适宜，因此冬天从未穿过羽绒服，也就不存在此类产品的消费经历。但因为最近工作调整需要去北方出差，此时北方正值隆冬季节，王女士想要给自己买一件羽绒服御寒。在某商场经过对所有羽绒服品牌评估比较后，王女士选择了某国内知名品牌的羽绒服，而该品牌产品确实也没有让王女士失望，帮助王女士有效抵御了北方寒冷的气候。此时，正向心理激励形成。

王女士新房装修需要购买瓷砖，通过前期的信息收集与市场走访，王女士初步确定了产品购买方向与意向购买品牌。但有一个问题，让王女士颇为纠结，如果都选择品牌的产品，那么瓷砖这一部分的预算会超支，如果为了保证在预算内消费，王女士只能选择非品牌的产品。最后，在经过与家人商量后，王女士做出购买决策。客厅阳台部分选择某国内知名品牌瓷砖，卫生间与厨房选择非品牌瓷砖，这样虽然有一些超支，但仍处于购买力承受范围内。

新房装好空置半年后，王女士顺利搬家。但在产品使用过程中，非品牌瓷砖产品给王女士带来极大的困扰。因为卫生间的瓷砖经常会散发出难闻的腥味儿，厨房因为不是很潮湿，味道虽然没有卫生间那么大，但同样会给王女士及其家人带来困扰。至此，王女士的非品牌瓷砖消费使用产生的反向心理激励形成。

而与非品牌瓷砖同期购买的客厅与阳台瓷砖，非但没有任何异味，反而承受了王女士家里非常调皮的孩子的侵袭，至此，王女士的品牌瓷砖消费使用产生的正向心理激励正式形成。而正反向心理激励合并发生的现象也就出现了。

王女士因为经常出差，对拉杆箱的使用很频繁，在一次商场闲逛中，王女士受销售人员的影响，以她原来购买拉杆箱两倍的价格购买了一个新的品牌拉杆箱，在产品使用过程中，王女士获得了极佳的产品使用体验，而且耐用性完全胜出原来的非品牌拉杆箱产品。此时，正反心理激励交替的现象得以发生。

在本例中王女士认为下次一定要选择品牌拉杆箱产品，尽量避免选择非品牌拉杆箱产品；下一次一定要选择品牌瓷砖产品，一定不能选择非品牌瓷砖产品，这些心理认识就是第三种力。而对于只发生了正向心理激励的羽绒服消费经历来说，王女士的消费意识中尚未形成第三种力，即对此类产品的下一次购买决策来说，王女士继续选择品牌的可能性较大，但尚未达到拒绝非品牌的程度。

当然，以上这些都是大概率事件，也存在消费者购买品牌产品发生不愉快的使用体验，或购买非品牌产品出现了超过购前期望的使用体验，但这些事件发生的概率往往较低，在此不做讨论。

在明确了消费者品牌消费意识与观念形成的影响因素与背景后，我们一起来考察一下消费者在家居建材产品消费过程中，会存在哪些与品牌相关的消费心理。

求名心理

“你们是一线品牌么？”

求名心理是指消费者在消费过程中出于各种动机和需要而想要选择知名品牌的心理倾向。

求名心理可能触发的顾客行为是顾客会非常关注品牌的知名度与美誉度，并会主动向销售人员了解与品牌紧密联系的相关问题。

问题：“你们这是一线品牌吗?”“你们这是品牌的吧?”

问题由来：顾客因为没有装修过，对家居建材产品品牌知之甚少。

问题点分析：顾客有强烈的品牌消费动机和需要，这种动机和需求可能是品牌消费习惯驱使，也可能是为了追求品牌消费所带来的名誉，还有可能是为了和自己的身份地位相匹配。值得注意的是，若消费者存在上述心理背景或假设，则问题的提出一般会先于对产品的深入了解。

常见应对方式：

方式一："没错，我们就是一线品牌！"

方式二："当然是品牌啦，我们是××行业十大品牌！"

有效应对方式：

"我们不但是品牌的，而且是所有品牌里在××方面做得最早/最好/最专业的，您稍等下，我给您看下我们的品牌荣誉……您看，我们的品牌获得××荣誉，这是证书，我们的品牌还被××所选择，您看，这是我们的案例……"

求安心理

"产品还可以，就是不知道品牌怎么样？"

求安心理是指消费者基于过去的不愉快消费体验或人际影响，为了避免非品牌消费的潜在风险而持有的品牌消费倾向。

求安心理可能触发的消费者行为与求名心理大致相同，即顾客会主动了解与品牌有紧密联系的相关信息。

问题："产品还可以，就是不知道品牌怎么样。"

问题由来：顾客平时不装修，也不怎么关注此类品牌。

问题点分析：顾客有品牌消费动机和倾向，但没有求名心理那么强烈。其主要目的是避免因为自己不专业或非品牌消费而带来的潜在购买风险。值得注意的是，持有求安心理的顾客往往会提出与求名心理一样的问题，但不同的是，持有求安心理的顾客提出问题的时间点一般在深入了解产品之后或了解产品的过程中。

常见应对方式：

方式一："肯定是品牌啊！"

方式二："××品牌可是大品牌，在央视有做广告的！"

有效应对方式：

方式一："看来您还是很关注品牌的，现在都这样，我买东西也看牌子，牌子的东西既省心又好用。我们的品牌是××行业××品牌……"

方式二："产品这么好，牌子自然差不了，您放心吧，我们的品牌在咱这儿可以称得上是响当当的品牌了，很多十几年前的顾客二次装修用的都是我们的牌子，介绍亲朋好友来的就更多了！您看，这是我这个月的安装排期，都满了……"此法可针对品牌知名度不是很高，但在服务与口碑方面比较成熟的终端来加以运用。

求利心理

"你们这个品牌好像不如×× 品牌呀？"

求利心理是指消费者利用品牌作为工具，试图通过一定的策略与方法来达到某种目的的心理。

求利心理可能触发的顾客行为是品牌会沦为顾客的反制工具，顾客通常会说一些违心的话以达到打压目标品牌的目的。

问题1："你这品牌我都没听说过，你还说你们是大品牌！"

问题由来：顾客想达到打压品牌的目的。

问题点分析：顾客听说过与否，与品牌的资质和行业地位没有丝毫关系，顾客想以自我认知为度量品牌地位的标准，这明显就是一种不讲理的行为。也正是因为这种不讲理，才反衬出顾客的目的，即通过打压品牌为后期的价格谈判做准备。

常见应对方式：

方式一："先生/女士，我们确实是十大品牌的，真的不骗您！"

方式二："我也跟您说了，您如果不相信，可以去网上查询一下！"

有效应对方式：

"先生，这是我们的十大品牌证书和所有的品牌荣誉证书，请您过目……”

问题 2：“我也多方面了解了一下，好像你的品牌不如××品牌的名气大！”

问题由来：顾客通过多渠道信息收集与了解，认为目标品牌不如竞争品牌名气大。或在目标品牌与竞争品牌处在同等地位的情况下仍然坚持认为竞争品牌名气大。其目的是打压目标品牌，也可能单纯地只是从品牌地位与知名度方面提出了质疑。但即便是这样，顾客也没有给出定论，仍然考验着我们的问题化解能力。

很多一线销售人员在面对这一类问题时，都会有认识误区。

误区一：认为顾客说的就是定论。

误区二：认为顾客说的话没有任何其他额外目的。

误区三：既然顾客都这么说了，我还能说什么呢？

误区四：既然你都这么说了，我还有什么客气的呢？

◎ 常见应对方式：

方式一：“可能他们的店面比较大，又是新装修的，您才会这么认为！”

方式二：“如果您要是不怕贵的话，可以去那边看看！”

方式三：“他们广告比我们做得多，但是您要知道，这些广告费都是要顾客埋单的！”

方式四：“您要这么说，我也无话可说！”典型的认怂表现。

◎ 有效应对方式：

方式一：“啊！是这样！还是第一次有顾客跟我这么说！那么请问您是通过哪些渠道的信息了解到××品牌名气更大呢？能告诉我吗？我真的挺好奇！”

方式二：“我在没进入这个行业之前，跟您一样，我甚至认为××品牌就是这个行业的老大，但在我进入了这个行业之后，才知道，其实行业老大既不是××品牌，也不是我们的品牌××，而是××。不过××品牌在这边做得比较早，店面也比较大，大多数顾客都会这么认为。但没关系，我相信您买东西不只是看品牌，还要看产品和服务，不过如果××品牌有更适合您的产品，那也是不错的选择。”在面对顾客的任何质疑时，我们都应保持不卑不亢、平和客观、不攻击竞争品牌的原则。

求知心理

“你们这个品牌我都没听说过?”

求知心理是指消费者为了保证购买决策的有效性而希望尽可能全面地收集品牌相关信息的心理倾向。

求知心理可能触发的顾客行为是顾客会表现出对品牌的认知空白。

问题：“你这品牌我都没听说过!”

问题由来：顾客确实没听说过，提出了比较正常的质疑。

问题点分析：顾客对品牌关注度比较低。

常见应对方式：

方式一：“没听过很正常啊，牌子这么多!”

方式二：“您没听说过××品牌？××品牌可是一线大品牌!”

方式三：“××品牌刚刚进驻××商场或××品牌以前做出口的!”

有效应对方式：

方式一：“那可能是您以前没装修，没怎么关注过这个行业，刚好今天有时间帮您介绍下我们的品牌和产品!”

方式二：“您跟我刚刚安装好的一位老顾客一样，他第一次来我们店的时候也是跟我说没听说过我们的品牌，后来他在我这里聊了一个上午，也去外面了解了一些其他牌子，最后还是从我这里买的产品。现在都搬家了，还给我介绍了几个顾客呢。所以，听没听过还真不重要!”

部分顾客为了达到打压品牌的目的，可能出现口是心非的问题，这给终端一线销售人员识别和洞察顾客心理带来了困难和挑战。因此，有必要就如何洞察和识别顾客心理再做一下强化。

原则上初次到店的顾客对品牌认知空白的可能性较大，而打压品牌的可能性较小。越是趋近于价格谈判阶段或是处在价格谈判过程中，顾客打压品牌的可能性越大。如求利心理中的问题1，这个问题若发生在顾客初次到店背景下，那么很可能顾客说的是真实感受，不存在求利心理。但如果发生在深入了解产品之后或价格谈判阶段，我们有理由相信，顾客想要达到打压品牌的目的可能性非常大。

在店面销售过程中，虽然涉及品牌相关的问题不多，但它出现的频次却比较高，建议一线销售人员一定要做好充分的准备，进而有效应对顾客可能抛出的问题。这种准备包括你对你所服务的品牌的了解，你的品牌对比竞争品牌的优势，也包括能够证明品牌荣誉、地位与知名度的实证或工具。

第六章

店面销售中价格谈判阶段的顾客心理及应对方式

价格是指商品价值的货币表现，是商品交易中的关键要素。价格是商品销售过程中的必谈话题，它具有普遍性与广泛性，又因其总是涉及买卖双方的核心利益，处于买卖双方交易谈判的中心位置，它也具有一定的博弈性。

无论在哪个行业，价格谈判都是销售中的重要环节，稍有不慎就会落得满盘皆输或不欢而散，家居建材行业同样如此。也正是因为它的重要性，我们广大一线销售人员在涉及价格谈判时，往往都带着极大的心理压力，报价太高，担心把顾客吓跑，报价太低，又担心没有了回旋余地。

对于那些初入行业的销售新人来讲，更是如此。他们甚至会恐惧于价格谈判，这主要是因为谈判经验的缺乏或对顾客的心理活动没有足够的把握能力。销售人员面对的顾客，大部分都是35~55岁这个年龄段的社会人士，他们大部分都有着丰富的人生阅历，也善于运用各种技巧在价格谈判的过程中为自己争取利益。于是，每到关键阶段，销售新人们总是希望依赖于店长、老板（老板娘）出面，来帮忙解决这个看似棘手的问题。

为了维持店面业绩，提高店面成交率，老板或店长倒也乐意帮忙。久而久之，老板与店长的价格谈判能力不断提高，多数销售人员的价格谈判能力仍然维持在初级水平。要知道，老板也好，店长也罢，他们的价格谈判水平也不是一开始就很高的，这是长期不断练习与试错的结果。如果一个顾客，在价格谈判过程中经历了店长或老板都还没有搞定，那么大家可能认为这个顾客不是本店顾客。如果是销售人员亲自主导价格谈判，但这个顾客没搞定，大家可能会质疑销售人员的谈判能力，特别是对于行业新人来讲，更是如此，这几乎就是当下行业销售终端的一个共识。

而事实是怎样呢？事实是销售人员搞不定的顾客，店长和老板也未必能够搞定，店长和老板在价格谈判中也会犯错误，店长和老板搞不定的顾客也许销售人员能够搞定。我们并不否认店长与老板的价格谈判能力，甚至也得承认，在多数情况下行业销售终端的共识也是存在的，但是团队要想发展，销售人员的技能必须得到提升，而销售人员技能的提升除了培训外，就是在工作实践中加以历练，并允许他们适当地犯错。

有些店长或老板在销售人员与顾客进入价格谈判阶段时，会强势插入，抢过话语权，这种动机是可以理解的，毕竟成交率关乎业绩。但这样的行为是不可取的，因为你正在扼杀团队茁壮成长的苗头。你坐在一边听着，帮她分析整个谈判过程，待顾客离去后，帮她分析长处与不足，下一次如何改进，这样岂不是更有价值。

这里也要提醒广大销售人员特别是销售新人一定不要畏惧苦难，不是特别关键的大单尽可能自己来谈，如果单单指望老板或店长帮你谈，那么你的销售能力又如何提升呢？老板或店长总有忙碌或不在场的时候，到那时你仍然要独自面对。如果你说，我没有经验没有方法怎么办？给你几条建议：第一，熟读本部分内容，并反复在工作中加以验证总结。第二，在店长与老板进行价格谈判时，认真观摩他们的语言及行为，并详细记录顾客的关注重点和问题，在顾客离店后仔细总结，不懂的地方再询问请教。第三，多与周边的销售人员（包括同事与异业销售员）进行沟通互动，也许他们的方法更适合你，因为老板与店长的方法虽然很好但却不一定适合你。

涉及价格谈判时的顾客心理极为复杂，本着抓住规律性，放弃偶然性的原则，我们一起来梳理一下在价格谈判过程中顾客可能存在的心理以及对应的有效应对策略。

预判心理

顾客在简单了解产品后询问价格

预判心理是指消费者初步收集与产品相关的信息后倾向于对产品的价值快速给出独立判断的心理倾向。

预判心理可能触发的顾客行为是顾客在简单了解一下产品相关信息后便开始询价。

场景：顾客在店面简单了解了一些产品与品牌相关信息后，便询问销售人员产品的销售价格。

场景分析：顾客对产品的大致情况已经有了一个初步的了解，并且内心会给出一个大致的判断。询问产品价格是希望通过综合印象与产品价格的对比来判断价格的合理性。如顾客对产品的综合印象非常好，但价格略高于其他竞品，顾客可能会认为这也是合理的。反之，如果顾客对产品的综合印象较差，即便产品价格与其他竞品持平或略低于其他竞品，顾客也会认为价格不合理。不排除一部分顾客有明确的购买方向和预算，希望通过这种方式排除一部分不合适的产品。

常见应对方式：

方式一："我们这一款产品正在搞活动，现在折扣下来是××元……"这几乎是很多业内一线销售人员的标准回复，因为他们通常会假设顾客需要廉价产品。但从另一方面看，也不能苛责他们，因为每天进店简单了解产品后询价即离的顾客实在太多。

方式二："我们的产品价格高低不等，从××元到××元都有！"

方式三："您指的是哪一款？每一款价格都不一样！"

有效应对方式：

方式一："请问您是自住房装修还是出租房装修呢？如果是自住房我们的产品价格在××到××元之间，当然，如果是出租房的话，我们也有一些特价促销产品，可以充分满足您的需求。"

方式二："请问您有明确的购买计划吗？如果有，那么我可以帮您做个初步的预算，因为我们是定制类产品，这个价格要根据您的实际使用量来计算。"

方式三："请问您有明确的购买计划吗？如果有，那么我可以帮您做个初步的预算，因为我们是组合销售的产品，您选择不同的产品组合，最终价格也都不一样。"

方式四："这款产品现在的售价是××元，不过昨天刚刚接到总部通知，最近我们店可能要搞一场大型促销活动，力度比较大，不但可以享受优惠，还有礼品赠送，您可以留个电话给我，到时我可以提前通知您……"

时刻保持最佳状态，让顾客随时能够在店面享受到卓越的体验，这是基础，离开基础的技巧都将是空中楼阁。实际上那些在店面简单了解一下产品便询问价格，然后即刻离去的顾客，他们中的大部分并不是因为价格而离去，价格不过是他们离店的一个借口或理由。他们离去的主要原因是对我们的产品综合印象比较差，或通过产品销售报价与产品综合印象相互对比后，认为彼此不相称。如何鉴别？很简单，凡是先有去意再问价格的顾客，几乎都是这一类型，大家可以在实际工作中加以印证。

试探心理

"这款产品最低多少钱？"

试探心理是指消费者希望借助一些方法或说辞来试探产品销售价格

底线的心理倾向。

试探心理可能触发的顾客行为是顾客会通过询问最低价或最大优惠力度的方式来了解产品价格底线。

场景：顾客询问产品的最低售价。“这款产品最低多少钱?”“最低能打几折?”

场景背景：多发于顾客二次以上到店背景下。

场景分析：顾客正在试探产品销售价格底线，为接下来的价格谈判做好充分的准备。

常见应对方式：

方式一：“这款产品最低价是××元。”

方式二：“这款产品的最低折扣是××折。”

方式三：“这个需要跟我们店长或老板谈!”

有效应对方式：

方式一：“请问先生/女士，您今天能定下来吗？如果能，我可以向我们领导申请一下，看看能不能给您一个最低的折扣。”

方式二：“刚才说的基本就是最低价格/最低折扣了，我们品牌都是全国统一零售价的，不会胡乱叫价，这一点我们是可以保证的!”

利诱心理

顾客表示会帮忙介绍更多顾客

利诱心理是指消费者通过许诺或引诱方式说明自己可能给销售方带来额外利益，进而维护自己在价格谈判中的主导地位或为自己争取到最大利益的心理倾向。

利诱心理可能触发的顾客行为是顾客会频繁示好或许诺。

场景：在价格谈判过程中，顾客表示自己认识很多潜在顾客，如果自己用好了，将来一定帮忙介绍更多顾客。

场景背景：多发于价格谈判阶段和成交前。

场景分析：顾客希望通过用这种方式来争取到自己的利益最大化。

常见应对方式：

方式一："您也就说说而已。"

方式二："您现在说得好，等到需要您介绍顾客时，您就不知道跑哪去了！"

方式三："真的吗？那得提前谢谢您了！"

有效应对方式：

方式一："这是好事啊！看来我不但要向领导给您申请个最低价，更得把您服务好，升职加薪的事就得指望您了！"

方式二："太好了！一看您就是个大好人，您放心，我们品牌在××做了这么多年，靠的就是口碑，我相信您一定会非常满意我们的产品和服务，我也会帮您申请最低的折扣的！"

求廉心理

顾客强调竞争品牌销售价格更低

求廉心理是指消费者所持有的希望自己付出的货币价值低于其所购买的产品价值的心理倾向。

求廉心理可能触发的顾客行为是顾客会借助竞争品牌的价格来打压目标品牌或给目标品牌的销售人员施压。

场景：顾客强调竞争品牌的销售价格比目标品牌低。

场景背景：多发于价格谈判阶段。

场景分析：第一种情况是顾客希望以他认为的最低价格买到心仪的

产品，这些说辞不过是一种策略。第二种情况是顾客正在以委婉的方式希望我们能够把价格再往下降一降。第三种情况是部分顾客希望通过这种方式警示销售人员，自己已经做过相关的市场了解和价格对比，尽量不要有太多的价格虚高部分。第四种情况是顾客确实还没有感受到目标品牌的产品价值与其类举的品牌之间存在明显差别。

常见应对方式：

方式一："他家的产品您敢买吗？都是垃圾货！"

方式二："品牌不在一个层次，价格肯定也不一样！"

方式三："先生/女士，您也知道，买东西都是一分钱一分货的！"

有效应对方式：

方式一："看来您已经充分了解过市场了，我就喜欢像您这样的顾客，您了解得越多，我们就越容易沟通。您放心，我们店的产品在××行业来说都是比较超前的，质量更是没的说，也许您还没有完全感受到我们的产品价值，比方说××方面的配置，如果我们选择便宜一点的材料，那价格确实能低下来，但我们不能那么做，比方说……"先表示认可顾客的行为，再重新传递产品价值。

方式二："您说得没错，××品牌的产品确实比我们的价格要便宜一点儿，但是还有比他们店铺更便宜的产品，不过，对于像您这么有品位的顾客来说，我相信那样的产品您也只是了解一下做个对比而已，毕竟，低价并不代表划算，您说是吧！"此法仅限于对自住房装修需求的顾客。

方式三："是这样的，因为每个顾客对产品的用途和要求都不尽相同，每个品牌为了满足不同消费者的需求自然也就会存在不同市场定位的产品，产品定位不同，产品配置和价格自然也就不尽相同。如果您是出租房，我建议您可以考虑下，如果是自住房，那么建议您要多关注一下产品的质量和环保性能。毕竟，全家老小的健康可不是个小事儿啊！”

方式四：“先生/女士，我们的价格可能确实比您说的××品牌贵那么一点儿，但是我们公司在设计这款产品之前做过的大量的市场调研，大多数顾客都认为购买产品后的使用体验如果非常棒，那么即便稍微贵一点儿也是合理的。您放心，我们的产品使用体验绝对可以让您感觉到多花那么一点儿是合理的，甚至您会认为这钱花得非常值！更何况我们的价格相对来说也还是比较亲民的！”

矛盾心理

顾客已看中了产品，但是还是觉得产品价格偏高

矛盾心理是指消费者在认可品牌并已经有了心仪产品的情况下因为预算超支而产生的比较纠结为难的心理。

矛盾心理可能触发的顾客行为是顾客深陷两难境地而举棋不定或认为产品价格还是偏高。

场景：顾客已经看中了产品，但因为价格超出其购买预算，认为产品价格还是偏高。

场景背景：价格谈判阶段，成交前。

场景分析：第一种情况是顾客确实受消费水平所限，但又不想委曲求全，因此存在激烈的心理斗争。第二种情况是顾客佯装出的假象，以谋求销售人员将价格降到底。

常见应对方式：

方式一：“我已经给您最低价格了！”

方式二：“这已经是最低折扣了，如果您真的喜欢，就定下来吧！”

方式三：“您看好的这一款是今年的新款，所以价格会贵一点儿！”

方式四：“要不您看下其他款式吧，这款也不错，现在做特价才××元！”

有效应对方式：

方式一：采用总价拆分法，第一步，按照顾客原预算计算出顾客购买的产品预算总价。第二步，计算出己方的产品销售总价。第三步，用第二步计算的总价减去第一步计算的总价，得出差额。第四步，将差额除以产品预计使用年限（一般家居建材产品 10~15 年）得出平均每年多花出的费用。第五步，告诉顾客，“您每年多花这么一点儿钱，就能把心仪的产品搬回家，多划算！”

方式二：二次购买成本核算法。举例：“我当年自己买床垫时，也跟您一样，预算不够，看好的那一款床垫要 4000 多块钱，我非常喜欢那款床垫，在店面体验时睡感也很舒适。但因为只考虑省钱没考虑产品使用体验，最终还是花了 2000 多块钱买了一个预算之内的床垫。可是用了一年左右，床垫中间就有点儿塌陷，而且有轻微的味道，睡着也不舒服。我用了不到两年就咬牙把它换掉了。换的就是当年我看好的那一款，不过买的时候因为产品涨价花了 5000 多块钱，虽然有点儿贵，但很值得，现在每天终于可以睡个好觉了！照这么算，我在床垫这块前后一共花了 8000 多块钱，如果我当时咬咬牙花 4000 多块钱买下来，不但买到了自己喜欢的产品，还省了一半的钱！所以啊，一定要相信自己的感觉，不然，不但买不到自己喜欢的产品，还有可能多花冤枉钱！当然，这只是我自己的经历，拿出来给您做个参考，如何选择还要看您自己！”

恐高心理

顾客强调竞争品牌价格更低

恐高心理是指消费者因担心其付出的货币价值高于所购买产品价值而产生的忧虑心理。

恐高心理可能触发的顾客行为是顾客会以知名竞争品牌的产品价格

作为度量目标品牌价格的标准，以此来判断目标品牌的价格合理性。

场景：顾客强调某知名竞争品牌的价格不比目标产品价格高或是与目标产品价格持平。

场景背景：价格谈判阶段，成交前。

场景分析：第一种情况是由于顾客的价格认识偏差造成的。所谓的价格认识偏差是指顾客因缺乏客观判断两个品牌产品价格的能力而形成的认识误区或错误结论。如顾客在竞争品牌的店面了解到的产品与在目标店里了解到的产品本身就存在差别，在竞争品牌了解到的是中档产品，而在目标店面了解到的是中高档产品，这必然会导致竞争品牌的产品价格与目标产品价格接近，甚至有时还低于目标产品价格，但由于顾客不具备这种专业鉴别能力，自然就存在价格认识偏差。需要说明的是，本场景中的“竞争品牌”是有限定条件的，其限定条件就是在品牌知名度和品牌地位方面比目标品牌高一个层次，如目标是一线品牌，这里的“竞争品牌”可能是国际知名品牌，如目标是二线品牌，这里的“竞争品牌”就是国内一线知名品牌。第二种情况是顾客在撒谎，企图用这种方式把我们的价格压下来。

常见应对方式：

方式一：“产品质量不一样，我们这款产品用的是××材料。”

方式二：“我们的品牌也是一线品牌，不会比您说的品牌差！”

方式三：“您确定是××品牌吗？他们店里也做杂牌货。”

有效应对方式：

方式一：“您说的这种情况确实存在，主要是因为每个品牌都会有一些不同定位的产品。您所说的××品牌，他们也有做一些中低端的产品，这种产品的价格可能会与您看好的我们这款产品价格接近，有的甚至还会比我们的价格低，但是产品配置肯定是不一样的！相信您一定能明白其中的道理……”

方式二：“请问××品牌给您的最大优惠是什么呢？品牌厂家的产品销售价格基本在产品还未出厂时就已经明确了，而且都是全国统一零售价，不过请您放心，我会尽力向厂家申请，争取帮您申请到最低的折扣和最大的优惠……”

穷尽心理

顾客明确告知销售人员价格降到某一数值就当场成交

穷尽心理是指消费者在成交前针对产品销售价格或折扣力度做最后要求，并希望产品销售方尽可能地满足自己的意愿或通过观察销售人员的反应来判断产品销售价格是否还有压缩空间的心理倾向。

穷尽心理可能触发的顾客行为是顾客会以成交为前提条件，要求销售人员将价格降到自己预期或将产品折扣力度加大到自己期望的程度。

场景：顾客明确告知销售人员如果价格降到某一数值或再加大一定的折扣力度，就当场成交。

场景背景：成交前。

场景分析：消费过程的一种惯例，多数顾客在成交前均会这么做。作为顾客来说，其动机也很简单，如果可以将价格往下压一压，那是最好，即便不成功，对自己也没任何损失，无非就是多说一句话而已。

常见应对方式：

方式一：“就这个价，您要是不定，我也没办法！”

方式二：收拾物品，满面怨色，道：“要不您再看下吧！”

方式三：“已经是最低价了，您就别为难我了吧！”

有效应对方式：

方式一：“真的很抱歉！为了做您这单生意，我跟我们老板还有厂家经理不知道说了多少好话，才给您申请到现在的折扣/价格，您要是喜欢就定下来吧！我相信像您这么聪明的成功人士一定能够感受到我的诚意！”

方式二：“先生/女士，真对不起，价格这方面我真的帮不了您，因为我们的价格确实已经到底线了。不过我跟您聊得很开心，很欣赏您，想交您这个朋友，你放心，我会帮您安排施工技术最好的师傅来为您服务，这可不是花钱就能买来的！”

方式三：“哎！以后得多跟您学学买东西怎么砍价，我在这方面真是跟您没法比啊！您确定今天能定下来吗？……嗯。既然您都这么说了，那我就再试一次吧！不过咱们丑话可说在前面，我不敢保证一定能够成功！”

销售人员：“喂！王经理！您好，我是××店小张啊！最近在哪里忙啊？什么时候到我这边来指导指导工作……是这样的，我这边有个顾客，他已经来过我们店铺×次了，看好了我们××这款产品，价格我已经给他最低折扣了，可他还是认为价格有点高，因为这个顾客跟我多少有点亲戚，家里经济条件也不是特别好，不知道您能不能适当照顾一下……”

“我们经理问您，您今天确定能定下来吗？……”

顾客：“可以！”

销售人员：“王经理，我跟他确认过了，他说今天可以定下来！……嗯，好的！还能再优惠点儿吗？王经理？……哈哈！好的，那多谢您了，下次您过来我请您吃饭。好的，那您先忙！”

“哎呀！真是不容易啊！您以后一定要帮我多介绍一些顾客过来，您看我为了给您申请这个优惠，说了多少好话……”

关键时刻可以考虑向你的厂家经理申请优惠，很管用的。

方式四：以样板房的名义，帮助顾客向总部申请适当的优惠。具体可参照方式三，前提是店内要准备好样板房申请表。

方式五：历史订单呈现法。这种方法除了行业新人外，略微有一定经验的销售人员应该都不陌生。通过将历史订单数据展示给顾客，以证明自己的价格已经到底。因为这种方法比较大众化，在此不描述操作细节。有不懂的可以询问身边的人。

通常情况下，以价格为中心的谈判，其决胜重心往往并不局限于价格本身。很多时候，我们价格谈判的失败，源于我们的综合竞争力并没有得到恰如其分的展现。如我们的终端体验很差，再如我们没有完全让顾客认识到我们产品的核心价值，又如我们没有让顾客感受到我们为了给他申请到最低的价格而付出的努力。

没有哪一个顾客具备百分之百的对价格高低给予客观评价的能力，但是大部分顾客却又都希望给予意向购买产品一个客观的价值评价，以保证自己购买决策的正确性。那么客观从哪里来？客观来自终端呈现给顾客的所有与购买决策相关的信息与体验。但在大部分业内销售终端，笔者却总能够听到大把的一线销售人员抱怨自己店内的产品定价太高，以至于顾客都被吓跑或让成交变得异常困难。

这是一种普遍性的认识误区和自我否定假设，业绩提升的起点在于我们要先纠正一些思想或认识上的错误，否则当你自己都认为产品价格过高时，又如何能去顺利主导一次价格谈判呢？

比如，部分理性消费顾客总是倾向将于一款产品的价格降到他认为的最低点成交，这样对他而言才是最安全的。那么他是如何来判断一款产品确实降到最低点了呢？就凭我们一句话告诉顾客，“我这产品价格确实到底了！”顾客就会相信了吗？显然不是。否则，我们也就不会把他称为理性消费顾客了。

那难道要我们把价格表拿出来给顾客公示一下，顾客才会相信吗？那也未必会相信。即便你把真的价格表拿出来，顾客也可能会怀疑其真实性。那应该怎么做？我们要做的是通过一系列行为，告诉顾客，我们为此付出了巨大的努力，比如穷尽心理下的有效应对方式三。如果跟领导申请不成功怎么办？是不是意味着订单就飞了？也不是，即便领导没有给予更大优惠，也有可能成交，甚至有很大概率成交，因为顾客通过你的这种行为判断出价格确实到底了，如果他确实对产品和品牌比较满意，他没有理由不与你成交。

这就是消费群体差异性最直观的体现，任何一种技巧、话术、方法都不可能对所有顾客奏效。如部分对价格不敏感或偏感性消费的顾客，很少在价格方面做过多纠缠。

因此，我们所有的方法都是建立在一定的针对性基础之上的，只有这样，才会发挥出它应有的价值。切不可眉毛胡子一把抓，全部照搬照用。如果你还不具备对顾客进行分类画像的能力，也不必过于担心，在后面章节会有相关内容的介绍。

比较简单的方法就是按照笔者给定的有效应对方式顺序来，这样虽不敢保证万无一失，但基本不会犯一些低级错误。

涉及价格的顾客心理我们共计展开讨论了七例，每一例在现实工作中均会频繁发生，因此建议大家要仔细阅读本章内容。话术案例只是参考，每个人可以根据自己所在地区的消费习惯和行业特性做重新整理或自由发挥，最重要的是要理论联系实际，多思考、多总结，只有这样价格谈判能力才会突飞猛进，更上一层楼。

第七章

店面销售中销售人员的服务对顾客心理的影响及应对方式

服务是指为他人提供帮助、便利，或为他人创造价值的一系列活动。服务分为有偿服务和无偿服务。如家居建材行业销售终端，为进店顾客倒一杯水，这是无偿服务，为顾客提供产品安装服务，这是有偿服务。

由于服务涉及的范围比较广泛，涵盖顾客消费过程的始终，因此，我们有必要对本书所讨论的与服务有关的内容范围加以界定，本书所讨论的有关服务的内容仅限于售前阶段且不包括有关解决方案方面的内容。

一次有效的销售往往都是从良好的服务开始的。可是，就目前家居建材行业销售终端一线的实际情况来看，服务水平一般。

笔者为了考察当前行业售前阶段对顾客服务的重视力度，专门做过一次调查统计。调查以国内某中高档建材商场作为目标商场，该商场所在地为华东某二线城市。按照商场每层随机抽查 10 家店为数量标准，确保每一层经营品类全覆盖，但品类间的具体抽查数量未做硬性均化设置，采取随机原则。对目标店面的选择按照品牌知名度（高）+品牌店面面积（大）+品牌店面位置（好）三个维度加以综合研判。考察内容也很简单，进店后，第一时间倒水和问顾客需要喝点什么，视为服务有效，坐下之后再倒水、没倒水或询问是否需要喝水的均视为服务无效。

笔者经过对 60 家店面抽查数据的汇总，得出的调查结果是有效服务占比为 21.6%，这还是降低标准后的结果（把坐下后倒水也视为有效服务）。

或许有些销售人员会辩驳，我们经常倒水，可是客人又不喝，最终都浪费了。还有的会说，如果客人本身不渴，我们给他倒水岂不是多此一举。

曾经一个国内知名橱柜品牌的店长与笔者就这个问题展开过讨论，她坚持认为，倒水之前可以先询问一下顾客是否有此需要，如果有，再帮客人倒水也不迟，没有必要每进来一个人都要先倒一杯水。她还举了一个生动的例子："都说飞机上服务比较好吧，飞机上的空姐不也是先问问，才确定要不要给乘客倒水吗？"

我反问这位店长："空姐是问你需要喝水吗？"店长有点狐疑。我接着说道："空姐是问你喝点什么？"初听两句话，似乎差别不大，但仔细思考，差距就来了。如果我们问顾客需要喝水吗，那么我们的假设有两种，顾客需要喝水和顾客不需要喝水。但如果我们问顾客喝点什么的时候，假设只有一种，顾客需要喝点什么，并且基于这种假设给了顾客丰富的选择。店长听完后沉默。

我们为顾客倒一杯水，这件事的价值不在于这杯水本身，而在于我们能够通过这杯水告诉顾客，本店是重视您的，本店的服务是高标准的。同时，我们也可以把这杯水看作拉近我们与顾客之间距离的纽带。

那么到底怎样才能把服务做好？怎样才能把服务变成我们与顾客之间沟通互动的润滑剂、感情建立的助推器呢？笔者给出的建议是假设顾客需要。只有在假设顾客需要的原则上，我们才能真正地把服务落地，进而成为我们有别于竞品的软性竞争力，成为一次销售工作恰到好处的开始。

围绕售前阶段几个与服务有关的关键场景，我们一起来分析一下顾客可能存在的心理以及我们应当如何有效应对。

求尊心理

顾客渴望被充分尊重

求尊心理是指消费者在消费过程中所持有的希望自己被尊重的一种心理诉求。

求尊心理因为涉及的是人的心理感受，它具有潜藏性，往往不会触发消费者太多的与场景同步的直观行为。如果一旦顾客的求尊心理没有被满足，那么会触发的顾客后续行为是顾客可能不会考虑选择购买或倾向于给出较低的印象分。

场景1：顾客即将进店，销售人员此刻空闲并看到了即将进店的顾客。

场景背景：沿街店、市场店、半开放市场；中高端商场不在背景范围内。

场景分析：这是一个极佳的满足顾客求尊心理的机会，更是一次销售工作恰到好处开始的有利时机。

常见应对方式：

方式一：站在原地，无动于衷。

方式二：起身准备接待顾客。

有效应对方式：

一路小跑儿，赶在顾客开门之前把门打开，并微笑着表示欢迎。如果你的表现能够让顾客感觉到你有一种喜出望外的感觉，那么恭喜你，你做得非常好。

场景2：顾客即将离店，销售人员此刻时间充裕。

场景背景：适用于沿街店、市场店、半开放市场以及封闭式商场。

场景分析：这又是一次极佳的满足顾客求尊心理的机会，同时也是增加顾客二次到店概率和印象分的有效手段。可惜的是我们大多数一线销售人员忽略了这个宝贵的机会。

◎ 常见应对方式：

方式一：给顾客拿一张名片，告诉顾客有需要随时联系。

方式二：送到店门口，说些客套话。

◎ 有效应对方式：

方式一：询问顾客接下来的安排，顾客说再逛下，送出店门外目送顾客离开。

方式二：顾客明确说接下来要前往商场（市场）内的某店面，引导陪伴顾客到达，如顾客明确表示不需要陪同，则站在原地目送顾客离去。

方式三：如顾客说要离开商场，非自驾轿车送至商场大门外，站在原地目送其离去。如顾客自驾小汽车，陪伴顾客到达地下车库并帮助顾客开启车门，挥手目送顾客离开。如果你让顾客感受到了你的依依不舍，那么你又赢了。

场景3：顾客已进店，销售人员处于接待顾客状态。

场景背景：店内非活动状况下。

场景分析：如果你因为各种原因错失了迎候顾客的机会，那么此刻你仍然有较佳的弥补机会。如果你已经抓住了给顾客开门的机会，那么同样你又多了一个锦上添花的机会。

◎ 常见应对方式：

方式一：没有给顾客倒水的服务意识或假设顾客不需要。

方式二：询问顾客是否需要喝水。

方式三：根据顾客在店面的状态再确定是否有必要倒水（如坐下后才倒水）。

有效应对方式：

方式一：假设顾客需要，直接给顾客倒一杯水。

方式二：在炎热天气条件下，询问顾客是需要凉水还是温水。

方式三：告知顾客本店可提供果汁、咖啡、饮料、茶水和矿泉水，询问顾客需要喝点什么。

方式四：针对以上三种情况，在行为方式上进行升级，不是用双手将茶饮送给顾客，而是用小规格托盘奉送。

场景4：顾客落座后，在有销售工具介入时，与顾客进行面对面交流互动的过程中，销售人员因为各种原因无法落座，但又需要与顾客做近距离沟通互动。

场景背景：店面各种状况下，尤其是促销活动现场人较多时。

场景分析：这是有关服务场景中经常被销售人员忽视的一个场景，或者说它对于顾客的求尊心理实现并不具备鲜明的价值，但是，对于少部分注重细节的顾客来说，它又并非无足轻重。

常见应对方式：

方式一：顾客坐着，销售人员站着，正常沟通。

方式二：销售人员倚靠桌边台角，与顾客进行沟通。

有效应对方式：

站在顾客一侧，弯腰屈膝，保持自己的站立高度与顾客持平或比顾客略低一点儿。如果顾客座椅偏低，那你只能优雅地蹲下，总之一个原则，不能对顾客构成身高压迫，尽可能与顾客落座后的高度保持一致或略低。

求全心理

顾客不断提出各种超出销售人员认知或专业领域的问题

求全心理是指消费者为了降低购买决策风险，希望全面深入了解与决策相关信息的心理倾向。

求全心理可能触发的顾客行为是顾客会不断质疑和提出各种问题。

场景：顾客提出各种刁钻问题，并且问题的范围已经超出了销售人员的认知和专业知识储备。

场景背景：销售人员无法全面解答顾客的提问，并且店内无人求助或可求助人员也无法协助解围。

场景分析：如果处理得当，顾客能够勉强接受，如果处理不当，顾客很可能会判定销售人员不够专业，从而造成顾客流失。即便顾客不流失，也很难再与顾客建立起信任。

常见应对方式：

方式一："这个我还真不知道！"

方式二："我是新来的，还不太懂！"

方式三："还是第一次有顾客跟我提出这个问题！"

有效应对方式：

方式一："真的非常抱歉，因为我刚入职不久，不能给您准确的答复。不过请您放心，您的问题我已经记下了，稍后我会向有这方面经验的专业人士咨询一下，再给您满意的答复，您看这样可以吗？"

方式二："您的这个问题问得很专业，我在这个行业做了这么久，还是第一次遇到像您这么专业的顾客，您这个问题我记下了，稍后我会与总部的技术专家取得联系，让我们的专家来帮您解答这个问题。看来今天要向您多学习一下了，来，这边坐，老师！"

避压心理

顾客委婉告知销售人员不希望被打扰

避压心理是指消费者在初次进店选购商品时，为了避免销售人员尾随与主动推销而持有的一种心理倾向。

避压心理可能触发的顾客行为是顾客会委婉告知销售人员不希望被打扰，或对销售人员表示出的热情服务无动于衷。

场景1：顾客委婉告知销售人员不希望被打扰。

场景背景：多发于顾客初次到店的情况下。

场景分析：持有避压心理的顾客部分是性格使然，即我们通常所说的高冷或慢热型性格。委婉表达不希望被打扰的语句通常是："我先看看！""没事你先忙你的！""我自己看，需要时再叫你！"

◎ 常见应对方式：

方式一：对顾客的委婉告知仍然无动于衷，听不懂弦外之音，仍然跟随顾客走动并主动介绍产品或品牌。

方式二：感受到了顾客不希望被打扰，但眼神仍然注视着顾客的一举一动，且这种注视能够被顾客看到或察觉到。

◎ 有效应对方式：

放任顾客自己去逛，不关注、不注视，仅用余光微察做到心中有数即可。

场景2：顾客对于销售人员主动热情的服务无动于衷，销售人员感受到阵阵寒意，有时甚至有被威慑的感觉。

场景背景：多发于顾客初次到店的情况下。

场景分析：部分有主见的理性消费者，往往更倾向于通过自主决策形式来主导整个产品购买与消费过程。此类顾客通常表情淡漠或凝重，虽然不主动说话，但是他们的眼神却一刻不停地在收集相关信息。

◎ 常见应对方式：

方式一：试图通过持续主动的热情来感化顾客。虽然这么做也有成功的案例，但概率较低，因此不建议广大一线销售人员这么做。

方式二：没有充分的准备，如店面凌乱不堪，样品空位严重，氛围较差等。

◎ **有效应对方式：**

方式一：做好准备工作，时刻保持店面内外环境整洁，做到样品展示完整、氛围温馨舒适、空气清新无异味。

方式二：站在店面适当的位置，时刻关注顾客动态，当顾客表示出对某款产品比较感兴趣时乘机走过去介绍产品。

方式三：善于利用销售工具。如店内白板信息及时更新，内容充实得当，锦旗摆放位置适当。避免一些无效的销售工具，如张贴用来显摆店面成交顾客的已安装顾客 KT 板等。

求助心理

顾客主动寻求帮助

求助心理是指消费者受自身因素或外界环境因素影响，希望在某一方面得到帮助、关注和支持的心理倾向。

求助心理可能触发的顾客行为是顾客会主动寻求帮助，但大部分顾客碍于情面不会表达自己的真实想法。

场景 1：顾客主动寻求帮助，如询问店内 Wi-Fi 密码，借手机充电器。

场景背景：常规店面销售背景下。

场景分析：顾客主动寻求帮助，说明顾客当下迫切需要被帮助。

◎ **常见应对方式：**

方式一：告知顾客 Wi-Fi 密码。

方式二：因店面准备工作不充分，导致无法给顾客提供手机充电方面的帮助，销售人员也未曾去周边店铺借用。

◎ 有效应对方式：

方式一：当顾客在店面逗留超过半小时以上或落座时，即可告知店内 Wi-Fi 密码。

方式二：准备一个多插头充电器，如果因为各种原因，充电器无法使用或一时找不到，到邻近店铺暂时借用一下。

场景 2：顾客在交流时出现了打喷嚏、咳嗽或流鼻涕等感冒症状。

场景背景：常规店面销售环境下。

场景分析：此时正值顾客身体虚弱之际，需要被关心之时，也正是与顾客建立感情的最好时机。

◎ 常见应对方式：

方式一：与顾客保持足够的距离，担心被传染。

方式二：无动于衷，甚至连句关心的话语也没有。

方式三：因为没有充分准备，只能通过说一些关心的话语或给顾客倒杯热水这样的方式来表示关心和慰问。

◎ 有效应对方式：

表示出对顾客身体状况足够的关心，并告知顾客本店可以提供姜糖茶、板蓝根与感冒药等，可以让顾客任选一种。前提是店里已为此做好了充分的准备。

场景 3：顾客在准备离店时，外面已经下起了雨。

场景背景：常规店面销售背景下。

场景分析：顾客可能还有重要的事情要做，但因为突然的天气变化不得不在店面逗留。

◎ 常见应对方式：

方式一：把顾客晾在一边，自顾自地忙去了。

方式二：建议顾客再坐一会儿，等雨停下来再走，陪顾客闲聊。

◎ 有效应对方式：

方式一：事先做好充分准备，询问顾客是否赶时间，如果收到肯定回复，根据顾客的出行方式为顾客提供雨伞或雨披等雨具，或打伞陪送顾客到车位。

方式二：如果收到否定回答，告知顾客不要担心，店里可提供各类雨具。抓住有利的时间，充分了解顾客的需求，多谈一些与顾客装修相关的内容和话题，不要再主动介绍产品和品牌。

从上文可以看出，良好的服务体验实际上不只是一次销售工作恰到好处的开始，也是辅助我们开展销售工作的有效手段。只是想要做到这一点，我们需要提前做好细致的准备工作，需要摆正我们的心态，需要时刻坚持“假设顾客需要”的总原则，只有这样，我们才能得到顾客的认可，快速地与顾客建立起感情和信任。

家居建材销售终端一线竞争日趋激烈，促使很多厂商和经销商越发重视对一线销售人员的培训。为了提升店面服务水平，还会专门开展一些商务礼仪方面的培训。但是这些所谓的商务礼仪真的能够落地，成为促进我们销售的手段吗？也许只有亲自经历过的销售人员才有发言权。

实际上在家居建材终端销售过程中，我们只要把握住几个关键点，并把这些关键点做足做透，就足以应对竞争了。比如上面阐述的迎来送往的细节，比如尽可能不让顾客感受到被压迫等。有时我们并不缺乏知识方法的广度，缺少的是把某一种方法做到极致的深度。

再来说说一些持有避压心理的顾客，上文给出了方法，但没有过多展开，在此稍微做一下扩展。针对部分理性且有主见的顾客，似乎我们语言与行为上的技巧或方法已经无法奏效了，因为他不吃这一套。他通过自己的观察来收集他所需要的信息，因此我们需要借助其他工具来实现与顾客之间的沟通，也可以理解为我们需要借助其他工具和方式来向顾客传达我们想要传达的信息。

那我们到底需要什么工具呢？店内需要有一块白板，准确地说，店内需要一块能够呈现鲜活、生动与丰富内容的白板。这块白板上面记录了店内几天内的工作安排，如产品安装的排期，产品发货的信息，产品补货的信息，甚至是与顾客之间洽谈产品设计方案的时间安排，等等。设置这块白板的目的就是保证店面运营有序，相关工作人员不要遗漏关键事项，这块白板实际上是维系店面运营管理的一种工具，他的属性是对内的。但是他的价值真的局限于维系内部管理效率和质量吗？当然不是，它还有对外价值。

可以想象一下，当那些表情凝重又淡漠的顾客，也就是我们所说的理性或有主见的顾客，当他们用眼神四处收集信息时，当他们刚好看到了这块白板上的内容时，他们会做何感想呢？我们是否有足够的理由相信，这个顾客可能得出两个初步结论：第一，这家店管理很规范；第二，这家店的生意挺好的。

从笔者将这个方法公之于众的几年里，很多业内一线终端纷纷效仿，然而效果不大。为什么说效果不大呢？因为大多数销售完全把它扭曲化了。

比如有的终端在白板上全部写满安装排期信息，但是长期不更新。这不是在给自己挖坑吗？你家生意那么差，都是上个月的安装排期。你摆出那么多安装信息干吗？给我看吗？谁也不能保证顾客不会这么想。

再如，白板有了，但是时间久了，就真的成白板了，上面无任何内容。类似这些案例数不胜数。由此可见，知道一种方法或销售工具很简单，但要把一种方法和技巧发挥出它应有的价值却很难。

更有甚者还把顾客安装名单做成 KT 板的形式展示在店内，而且这么做的多数是大品牌，这种情形和拿一个大喇叭站在店门口高喊“快来看啊，我家生意多好，那么多顾客选择我们”又有什么区别呢？不可否认，这么做对感性消费者还是有一定效果的，不过可惜的是感性消费者并不喜欢通过这种间接的方式收集信息。对理性消费者而言，本书不做过多评论，毕竟真正的理性，都是建立在一定客观辨识力基础上的。

那么到底白板要怎么用才能发挥出它应有的价值呢？很简单，就把它当成你店面管理运营的一个办公用品或工具，它的属性是对内的，然后尽可能地保持与店面日常运营的工作安排与计划等内容同步。只要做到了这一点，它的对外属性以及与特定顾客群体的沟通价值自然就会产生。反之，当我们把它定位成一个广告展板或宣传展板时，它将变得一文不值不说，还有可能产生副作用，甚至会引起顾客的反感。

当然，白板只是众多工具中的一种，或者说相对于其他工具而言，它更具备一定的客观性和可信性。比如，有的店面为了突出氛围或与特定群体沟通，会挂上两面锦旗，这里且不论这两面锦旗是真是假，但这两面锦旗对特定群体来说，它的功效和价值肯定是不如白板的。因为当锦旗摆出来的时候，你的宣传或广告目的性就已经存在了。

那是否意味着我们就不需要锦旗了呢？锦旗当然也需要，但要想发挥出它的高价值，需要两个前提，第一，它必须是真实的。第二，锦旗上的落款地址必须有小区名。反观我们某些挂了锦旗的终端，只是挂了两面锦旗，落款地址都没有，那么它的可信性也必然要被打折扣。当你把它当成一个广告工具在用的时候，对于店面而言，它的价值甚至还不如一块儿擦玻璃的抹布。

除了白板、锦旗，还需要其他工具吗？当然也需要，但是能够把这两种工具运用自如就已非常不易，至于更多的工具，因为跟本书主题关联度不大，在这里就不一一展开叙述。

上文同时也提到了类似充电器、饮品、雨具等小件物品。这些物品都是花点小钱就能解决的问题，更不会占用我们太大的店面空间，但是一旦被启用，其功效是四两拨千斤的。

与服务相关的场景非常繁多，相应的顾客的心理也存在各种变化。为了方便大家理解与掌握，本书仅择取出现频次较高或比较有代表性的一些场景和顾客心理做深入解读与剖析，本书没讨论到的场景或顾客心理，各位销售人员可自行总结或探索，如需要帮助或协助可随时与笔者取得联系，笔者也乐于与大家相互探讨交流。

第八章

店面销售中群体顾客心理及应对方式

群体顾客是指由一个以上的个人或组织所组成的产品购买或决策组合。在日常生活中，群体顾客出现的频次与产品的复杂性、产品价值、决策代价等因素高度相关。如房子、车子等高值商品往往面对的都是群体顾客。再如日常生活用品、快消品等低值产品多数情况下面对的都是个体顾客。

家居建材商品作为耐用消费品，因其具备高值和决策代价高等属性，在产品实际销售过程中会经常遇到群体顾客。若终端销售人员没有掌握一定的方法或技巧，在面对群体顾客时常常会疲于应付，甚至可能会出现一些本来可以避免的错误，从而导致销售进程受阻。因此，本书有必要就这一问题做一个深入讨论。

按照群体顾客的性质不同，可以将群体顾客划分为直接参与型群体顾客、间接参与型群体顾客和复合型群体顾客。

按照群体顾客的组成方式不同，可以将群体顾客划分为夫妻型群体顾客、代际型群体顾客、参谋型群体顾客以和社区型群体顾客。

◎ 直接参与型群体顾客

直接参与型群体顾客是指构成群体顾客的所有成员直接参与了产品购买与决策过程。如夫妻二人在家居建材购买过程中同时参与信息收集与购买决策。

◎ 间接参与型群体顾客

间接参与型群体顾客是指群体顾客中仅有一名成员参与产品购买全过程，其余成员仅通过自己的主观言行影响购买决策，但不直接参与产品信息收集、产品体验等具体细节。如选购家居建材商品时，作为家庭成员的妻子参与了整个购买过程，而丈夫因忙于工作仅在关键节点或阶段提出了一些建议。

◎ 复合型群体顾客

复合型群体顾客是指群体顾客中的部分成员（两名以上）直接参与产品购买过程，部分成员仅通过主观行为影响购买决策。如家居建材商品消费过程中，作为家庭成员的夫妻共同参与了产品购买的全过程，虽然孩子没有直接参与，但针对品牌选择与产品喜好却表达了自己的倾向或建议，并且这些倾向和建议对购买决策产生了一定的影响。

在实际工作中，往往直接参与型群体顾客更容易面对，而间接参与型群体顾客处理起来略显棘手，复合型群体顾客则较为复杂。因间接参与型群体顾客与复合型群体顾客难以辨识，下文仅就直接参与型群体顾客展开讨论。

夫妻型群体顾客

关键决策者大多为女性

夫妻型群体顾客实际上就是由夫妻双方共同组成的群体型顾客。在家居建材商品及大件耐用消费品消费过程中，夫妻共同参与购买过程的现象比较普遍。

夫妻型群体顾客通常情况下会在服务细节、产品选择倾向以及购买决策等方面给销售人员带来困扰。

场景1：夫妻同时进店，需要销售人员接待并展开沟通。

场景背景：适用于所有以专卖店形式为主的背景，但预设条件是销售人员1对2，即一个销售人员同时面对夫妻型群体顾客。

场景分析：针对夫妻型群体顾客，需要销售人员在销售开始前做出一个大概的预判，这个预判主要是寻找关键决策者，进而明确沟通的目标对象。对于一些行业新人而言，这似乎有些困难，但我们也可以选择一个比较恰当的方式，来弥补我们经验的不足。

◎ 常见应对方式：

重男轻女，误入歧途。很多销售人员习惯于不加以判断地盲目开始，甚至也是一种惯性使然，大多数销售在初始阶段会更加倾向于将男顾客作为沟通的主要对象，假设关键决策者是女顾客，这样可能导致的结果就是两个人在店内逛了一圈后，在女顾客的怂恿下快速离店。

◎ 有效应对方式：

方式一：在拥有一定经验作为基础的情况下，建议把沟通对象定位为女顾客，给予女顾客更多的关注和沟通话语权。这里的经验主要是为了剔除一些非常明显或通过观察判断基本可以确定男顾客是关键决策者的情况。再退一步讲，即便你经验不足，操作失误，那么在一般情况下，作为关键决策者的男顾客也不会过于计较。

方式二：作为行业新人，可能没有足够的经验去判断谁是关键决策者。这时只能选择一种比较保守的沟通方式，即不对沟通对象做精准定位，尽可能同时照顾到两个人。需要指明的是这里的行业新人不是以你的从业时间来界定的，而是依据你是否具备对这类顾客中的关键决策者的基础判断能力来界定。假设王女士卖家具产品已经三年以上，但她仍然不具备对夫妻型群体顾客关键决策者的判断能力，那么我们仍然可以在这一方面认为她是行业新人。

场景模拟

“您好！姐/阿姨/美女，过来逛逛市场啊……”在说话的同时尽可能将目光也贯注到女顾客身上，千万不要眼神飘忽游离。

“你们好！二位过来逛市场啊……”将整个顾客群体视为沟通对象，这种方式更加适合行业新人，虽然能够避免犯一些低级错误，但沟通效率和质量不是很高。

场景2：夫妻二人就店内产品发生了选择倾向不一致的情况，男顾客要了解这款产品，女顾客要了解另一款产品。

场景背景：适用于所有以专卖店形式为主的背景，但预设条件是销售人员1对2，即一个销售人员同时面对夫妻型群体顾客。

场景分析：夫妻型群体顾客在家居建材消费过程中经常会出现产品选择方向不一致的情况，其产生根源主要是个体审美偏好的差异，并不涉及对与错的原则问题。

◎ 常见应对方式：

方式一：左右为难，被动响应。

方式二：无主见，缺乏判断，尽可能双方都照顾到。

◎ 有效应对方式：

方式一：扬主抑辅。在产品介绍时，更加倾向于关键决策者选择的产品。所谓倾向，即针对关键决策者所关注的产品进行全面、深入的展开式介绍，而针对辅助决策者关注的产品只需简单介绍一下即可。切忌在群体型顾客之间做裁判，因为选择本身并无对错之分。

方式二：全面客观，表明观点。当销售人员认为群体顾客成员中的一方或全部成员的产品选择倾向存在不合理之处时需要明确说明，如产品风格与总体风格定位不匹配，产品规格大小与使用空间不符，产品性能和特点不适合使用环境等。当顾客认可销售人员的观点或立场之后，销售人员可以根据自己的专业服务能力向顾客推荐更适合的产品，推荐产品可以是男顾客与女顾客其中一方的选择倾向，也可以完全跳出男顾客与女顾客的选择方向，以供顾客参考。

场景模拟

“女士，您看到的这款产品的最大卖点就是……这款产品的原材料选择的是××××，经过××××工艺加工而成。而市场上同类产品基本都选择××××材料××××工艺，因此我们这款产品是能够充分满足您的需求的。先生看好的这款产品目前销售也不错，也是可以考虑的！”通过展开式介绍与概略式介绍的对比来传递销售人员的倾向，达到扬主抑辅的目的，同时又能照顾到辅助决策者的心理感受。

“通过这位先生刚才的介绍，我大致已经了解了咱们的实际情况。一般像咱们这种情况，我更建议选择××类型的产品。您刚才看的这款产品与咱们的总体装修风格/主色调有些矛盾，至少不会很和谐。因为通常情况下××风格需要产品××××，而您看的这款产品略微……当然，您要是非常喜欢这款产品也可以考虑调整一下风格定位。当前来看，先生关注的产品可能更贴近于咱们的装修风格，但除此之外，咱们也可以考虑一下××××这几款产品，这几款产品也是比较适合咱们装修风格的。”

本例仅从装修风格匹配方面做了一个引申，但实际上可能存在其他的不合理因素，销售人员可以通过本例的表达方式或逻辑，进行灵活运用。语言组织可因人而异，只要能够把道理说明白即可。

代际型群体顾客

非共用关键决策者一般为父母，共用则多为子女

代际型群体顾客是指由父母（或其中一方）与子女（共同或其中之一）共同组成的群体型顾客。此类群体顾客还可以进一步细分为共用（以产品共同使用为前提）代际型群体顾客和非共用代际型群体顾客。

代际型群体顾客可能在产品选择倾向与购买决策方面给销售人员带来一定的困难。

场景1：代际型群体顾客在店面选购产品的过程中，就产品选择方向发生了分歧。此类问题在上述夫妻型群体顾客中也曾出现，但代际型群体顾客的处理策略和方法却与夫妻型群体顾客迥然不同。

场景背景：适用于所有以专卖店形式为主的背景，但预设条件是销售人员1对2，即一个销售人员同时面对代际型群体顾客。

场景分析：因为年龄与生活时代背景差距较大，代际型群体顾客通常会在产品选择方面出现严重分歧，并且这种分歧的可调和性不大，一般以一方的坚持和另一方的退让告终。

常见应对方式：

方式一：疲于应付，折中调和。一般销售人员会试图做个和事佬，可最后才发现自己扮演的角色是多余的。

方式二：不发表任何看法，因为谁都不好得罪，抱着求全的心理任其发展。

有效应对方式：

方式一：找准关键，成功站队。如果关键决策者是父母，那么就坚持认为父母的选择是对的，反之则相反，这一点与夫妻型群体顾客之间

存在鲜明的差别。那么如何来判断关键决策者呢？一般情况下，非共用代际型群体顾客的关键决策者多数是父母，而共用代际型群体顾客的关键决策者则多数是子女。

方式二：若违背常理销售人员应予以说明。假设第一种有效应对方式中父母的产品选择倾向经过销售人员判断是不合理的，那是否意味着我们还要支持其选择呢？如出现此种情况，我们只要尽到告知义务即可，选择权仍然要交给关键决策者。

场景模拟

“叔叔/阿姨，您真有眼光，这是本店卖得最好的一款产品。这款产品的最大卖点是……”

“叔叔/阿姨，您看的这款产品确实不错，但是出于对您负责的角度，需要把一些话说在前面，这款产品与咱们的实际情况不搭/不太合适/不是特别协调，不过你要是特别喜欢，也是可以考虑的！毕竟咱们自家装修，喜欢最重要，您说是吧？”

场景 2：代际型群体顾客就购买决策无法达成一致，进而陷入僵持局面。

场景背景：适用于所有以专卖店形式为主的背景，但预设条件是销售人员 1 对 2，即一个销售人员同时面对代际型群体顾客。

场景分析：代际型群体顾客往往会在做购买决策时出现观点不一致的情况，主要是受消费观念与品牌认知等因素影响，毕竟成长经历与年龄差距较大，出现这种情况也实属正常。购买决策观点的不一致可能是因为产品，也有可能是因为价格。

常见应对方式：

方式一：销售人员表示沉默。

方式二：鼓动其中一方屈服于另一方。

◎ 有效应对方式：

方式一：如果是产品因素导致的购买决策观点不一致，请参考代际型群体顾客“场景1”的策略和方法。

方式二：如果是价格因素导致的购买决策观点不一致，就要具体情况具体分析。假设对方是共用代际型群体顾客，如果父母一方具备购买能力，但受制于消费观念影响不想买太贵的产品，就要站在子女一方，向父母一方传达现代消费观念，做一些思想工作。如果父母一方认为实际需要支出与购买预算差距太大，则要站在子女一方思考可替代性的其他产品解决方案。

假设对方是非共用代际型群体顾客，如果购买预算差距不是很大的情况下，要站在子女一方的立场上。如果预算存在差异或通过父母的行为举止判断，很难做通对方的思想工作，则要站在父母一方立场上进行解释沟通。

场景模拟

“叔叔/阿姨，现在年轻人消费观念和你们不大一样。年轻人更注重产品质量和设计，比如环保不环保，耐用不耐用，产品好看不好看。而你们那个年代都是吃过苦的人，比较看重价格，这也是可以理解的……所以，相信您家孩子的眼光，不会错！”

“叔叔/阿姨，刚才看好的这款产品本店卖得也是比较好的，家居建材这种商品要搭配来看，才能看出整体效果。前两天有个顾客家里婚房装修买的就是这款产品，装出来效果非常漂亮……”

参谋型群体顾客

要肯定参谋人员的价值

参谋型群体顾客是指产品购买决策者为了降低购买决策风险而邀请其他第三方共同参与购买决策时所组成的顾客群体。参谋型群体顾客具备临时性、复杂性和不确定性等特点。

按照参与人员的职业特点和来源不同，可以将参谋型群体顾客分为专业类型、技术类型和社交类型。专业类型主要由软硬装设计师等专业设计人员构成；技术类型主要由涉及装修施工的各个工序的专业施工人员或装修公司项目经理构成；社交类型主要由与购买决策者存在密切人际关联的其他第三人构成，如亲戚、朋友等。

场景1：专业参谋型群体顾客到店，专业设计人员在了解品牌和产品过程中提出了一些质疑或直接否定了顾客原来的购买计划。

场景背景：非初次到店。

场景分析：因为家居建材商品的消费特点决定了顾客对专业设计人员的依赖感比较强，特别是选择装修公司参与总体风格与效果设计的这一部分顾客更是如此。

常见应对方式：

方式一：销售人员表现得过于紧张或情绪激动，进而出现一些不和谐的沟通氛围。

方式二：一味地顺从或屈服于专业设计人员，抛弃了自我立场。

有效应对方式：

方式一：最好能够留下对方的联系方式，把他交给你的直接上级或请求你的直接上级协助处理。

方式二：无论专业人员如何否定或质疑，销售人员始终应保持不卑不亢的状态，坚持自我立场，但切忌与对方进行争论或用语言进行攻击，否则，你就输了。与顾客争论，尚有成交可能，与设计师争论，实属自废武功。

场景2：技术参谋型群体顾客到店，提出了一些苛刻的问题或有意刁难销售人员。

场景背景：非初次到店。

场景分析：专业施工人员对其所从事或擅长工序的相关产品专业知识掌握程度要优于一般销售人员，特别是对产品与产品使用环境的适配性方面，产品在产品使用环境下的可变性方面，拥有绝对的权威。当这种技术自信与顾客的信任综合之后，会产生一种新的现象，即技术自信的泛化。

比如，你去问一个贴砖师傅或一个水电师傅他们是不是很懂装修，他们会拍拍胸脯笑着告诉你，我干这行快二十年了，你说我懂不懂？但他们到底懂不懂呢？对于他擅长的工序或领域，或许他是专家，但对他不擅长的领域，他也许只是知道大概。这些并不重要，本书的目的也不是得出他们懂装修还是不懂装修的结论，本书的目的是让大家都能准确认识到，在这样一个背景下，专业施工人员的心理状态以及产生这种心理状态的因素。

◎ 常见应对方式：

方式一："您这问题太专业/太深奥，连我都不知道怎么回答！"。

方式二："××产品是否具备××性能好像不重要吧？现在很少有顾客在意这一块。"

◎ 有效应对方式：

方式一："师傅看来您对××产品很了解啊，今天可得好好跟您学学……"帮助他完成技术权威的确认，这样更有利于你与对方之间接下来的沟通。

方式二："您说得很对，我接触到的装修师傅挺多的，但很少遇到像您一样懂得如此全面的师傅……"帮助他完成技术自信的泛化。

方式三：如果技术权威与技术自信的泛化你都已经帮助他完成，但结果还是有些不理想，那么你一定要记得留下他的电话，把相关情况反馈给你的上级。因为针对类似的专业施工人员，可能需要一些非常规方法和技巧。这个处理方式与设计师相类似。

场景3：社交参谋型群体顾客到店，针对产品提出了一些非专业建议或针对产品价格提出了一些无理要求。

场景背景：非初次到店。

场景分析：社交参谋型群体顾客与前述两种参谋型群体顾客的最大区别在于其参与价格谈判或最终购买决策的概率要高一些。也可以理解为凡是社交参谋型群体顾客到店（排除初次进店），当日成交的可能性较大，当然，不欢而散的事情也时有发生。面对社交参谋型群体顾客，销售人员在与之沟通时一定要慎之又慎。毕竟，凡是能被顾客请到店面来辅助决策的，一定有其自身优势，特别是对顾客购买决策有重要影响。

◎ 常见应对方式：

方式一：针对社交参谋者提出的非专业问题或建议给予质问、纠正甚至是取笑。

方式二：针对社交参谋者关于价格方面的纠缠和质疑给予不耐烦的反击或表现出无所谓的样子。

◎ 有效应对方式：

方式一：无论社交参谋者提出的问题或建议是否专业，都要保持对社交参谋者的足够尊重。要充分理解他，换位思考，毕竟他不是业内人士。

方式二：若社交参谋者主要的目的是压价格，即通俗所说的砍价，那销售人员一定要充分配合他，即便价格到底，也要再次向领导申请，哪怕只是再做出微不足道的让步。

场景模拟

“这位女士提的问题非常好/这位女生提的建议非常棒！确实我们在家庭装修选择材料时很容易忽视这些小细节，我们的产品……”无论对方说什么，尽可能先肯定其用意，其目的无非是为产品实际购买者与使用者着想。肯定之后再转而有针对性地介绍产品。至于对方说得对错及是否合理，并不重要。

“我们的价格确实已经给到底，但是您的朋友既然把您这么大的菩萨请来我们店，如果我不再次跟领导申请一下，估计您也饶不了我，不过，我有个条件，下次我买东西也得请您帮我砍价，您砍价水平简直太棒了！您无论如何都得帮我这个忙……”对方来店的目的和意图就是砍价，我们要尽可能地协助她完成这个光荣使命，凡是认真跟我们砍价的都不可怕（不合理的除外），因为这时距离成交仅有一步之遥。至于具体的价格谈判可参考本章价格谈判策略的内容。

一线销售人员在面对社交参谋者的时候，都会比较头疼。归根结底是没有深层次领会社交参谋者在销售过程中的角色和心理动机。很多销售人员甚至将社交参谋者视为眼中钉、肉中刺，把他们看作销售成交的拦路虎，甚至是搅局者。需要说明的是这种态度和看法是明显错误的。如果都持有这种心理，对我们销售成交没有一点点助益。

试想，如果社交参谋者来到本店后什么也不说，什么也不谈，那么他的价值又将从何谈起，他在亲戚朋友中的权威又将如何延续呢？如果发自内心地视其为敌人，那我们又如何才能保证与其展开更好地沟通呢？因此，只有秉持端正心态、明确方法、善于周旋、不卑不亢、换位思考等原则，才能保证我们在面对此类群体型顾客时游刃有余。

社区型群体顾客

找准意见领袖，充分运用销售工具与资料

社区型群体顾客是指由居住在同一城市、同一社区、同一住宅小区或同一村镇的两个家庭以上的潜在顾客构成的顾客群体。社区型群体顾客具有复杂性、变化性与集体互动性等特点。

社区型群体顾客往往会在价格谈判、行动一致性以及服务等方面给销售人员带来挑战，掌握适当的方法和沟通策略对销售人员来说显得极为重要。

场景1：社区型群体顾客到店选购产品，销售人员应接不暇。

场景背景：1对N。

场景分析：社区型群体顾客因为人数较多，可能导致销售人员出现顾此失彼的情况。

◎ 常见应对方式：

力求面面俱到，尽可能照顾到每一个人。

◎ 有效应对方式：

方式一：找准社区型群体顾客的意见领袖，除常规服务（倒水）需要面面俱到外，将更多经历和时间用于服务意见领袖。关于意见领袖的判断也很简单，提问较多的或有明确意识主张以及不时向群体成员传达信息试图影响他人的人，很可能就是这个社区型群体顾客的意见领袖。

方式二：要善于运用销售工具，如将产品资料、小样及时分发给非意见领袖成员，引导他们自主了解品牌或产品的相关信息。

方式三：要善于营造声势，制造吸引力，将原本散落在店面的人员聚集起来，从而达到1对N的高效传递信息的目的。如可以利用产品测试、产品功能演示、声情并茂以及极富感染力的产品解说来达到上述目的。

笔者曾在某品牌（非一线）橱柜店见到过1对N的经典案例，当时销售人员声情并茂地介绍橱柜产品的工艺结构，包括柜体的密封性、底板防水性、五金配件的质量等，甚至为了验证抽屉滑轨的承重力和质量，整个人踩在上面……这样一番下来，不但店内的社区型群体顾客成功被其吸引，就连店外路过的潜在顾客也会驻足观看，这个销售人员俨然已经把店面变为其展示自我的舞台了。

场景模拟

“请您喝水，您的水……可以随意看下！先生您是带头大哥吧?”在没有十足把握确定意见领袖的情况下，也可以选择开玩笑的方式进行询问和确认，即便对方不是，他也有可能帮你指出你要找的人。

“您好，这是我们的产品资料，您先了解下；您好，这是我们的样品材料，您可以看下；您好，这是我们产品的实景效果图，您可以先看下……”充分利用店内存在的销售工具，提前做准备。

“大家可以过来看下，我给大家做个产品模拟使用测试……麻烦大家往这边聚一聚，我给大家先介绍一下我们产品的卖点和工艺结构……”只要能做到声情并茂、富有感染力、善于利用肢体语言及动作，将整个产品讲解过程视为自己的脱口秀，那么你一定能够吸引众人的目光，而不再是疲于应付。

场景2：社区型群体顾客以行动一致性为条件，与销售人员展开价格谈判。

场景背景：1对N。

场景分析：社区型群体顾客组合本身的目的一方面可以降低决策风险，另外一方面也是最重要的目的还是增加己方价格谈判筹码。多数情况下，在这一环节几乎都不是销售人员独自在面对，店面经营者或管理者一般也会参与其中。

◎ 常见应对方式：

方式一：邀请经营者或管理者共同参与谈判，并且给顾客做到最低折扣。

方式二：店面经营或管理者对整个销售过程缺乏了解，导致在谈判过程中节外生枝。

◎ 有效应对方式：

方式一：将意见领袖作为成交突破口，展开 1 对 1 形式的沟通，承诺给意见领袖更多让利或买赠。

方式二：尽可能地在此类群体顾客选择产品阶段就预先做好伏笔，如引导顾客尽可能选择同一系列、同一花色、同一规格、同一材质、同一工艺的产品，此类顾客产品选择的同质化越高，越有利于向厂商申请价格支持。

方式三：当我们明确此类顾客成交前由管理者协助我们成交的可能性较大时，我们需要及时向我们的直接领导共享此类顾客的跟进进度以及过往谈判过程中所涉及的关键信息，让管理者做到心中有数。

场景模拟

“王先生，相信产品和品牌您也已经了解过了，在××这个领域我们还是非常有权威的。我已经和我们领导沟通过了，如果咱们这几家都在我们店里签单，我会额外帮您申请一个 VIP 折扣，保证让您满意……这次就得指望您多帮忙了！”

“王先生看好的这一款，是本店热销的产品，我建议大家都可以考虑一下。如果大家都买这一款，到时安装送货什么的都比较方便，而且速度也快……”

“刘店长/经理，我这边正在跟进一个团体顾客。这个团体顾客已经来我们店××次了，总共是××户，他们是一个小区/村的。产品主要看了××款，第一次报价折扣是××，第二次谈了××内容，想跟你分享一下，假设顾客有可能成交，到时候还需要您的协助！”

与群体顾客沟通，心态、策略、方法与技巧都很关键。综合运用相关策略和方法，又对我们的能力水平和职业素养提出了更高的要求。因此，对于刚入行经验欠缺的销售人员来讲，最有效的解决方法还是及时请求上级协助，借助他们的经验以及对沟通节奏和顾客心理的把握能力，来帮助你完成对团体顾客的销售目标。

第九章

店面销售中解决方案对顾客心理的影响及应对方式

解决方案是指由某类（系列）产品及配套服务所组成的用于满足某一需求或解决某一特定问题的方法或措施的集合。因为家居建材行业特点使然，无论是标准化的产品还是非标准化的产品，都会或多或少地涉及解决方案的问题，这也是终端销售过程中绕不过去的一个关键节点。因此，有必要对其进行全面的剖析与梳理，进而为我们一线销售人员呈现出更多的解决此类问题的方法和技巧，以保证销售过程的质量和有效性。

解决方案相较于其他店面销售过程中遇到的问题，具有更高的复杂性。如前文所述的有关产品、价格和品牌等，此类问题沟通背景多半都是建立在销售人员与顾客之间 1 对 1 或 1 对 N（多）的情况下，而当涉及解决方案沟通时，沟通背景可能会出现明显的变化，如出现 N 对 1 或 N 对 N，在有驻店设计师的终端，这种情况几乎成为一个必然现象。沟通主体的变化在一定程度上增加了沟通的复杂性。

解决方案与其他店面销售过程中所遇到的问题如产品、价格、品牌、服务等存在高度关联。如解决方案构成了对顾客的总体报价，产品结构的宽度决定了解决方案的可选性，解决方案决定了相关配套服务的技术标准或对施工作业人员的技术要求，当存在一店“二”牌时，解决方案还会与品牌产生高度关联，从而形成可供顾客加以选择的备选方案。这种与其他问题的高度相关性，自然也就增加了沟通的复杂性，同时对一线销售人员的团队协作能力和销售技能提出了新的挑战。

除高度的复杂性外，解决方案还存在不确定性、反复性及对比性等特点。不确定性是指顾客可能对解决方案提出各种建议从而导致销售人员或设计师不断修改原方案，力求达到顾客满意；反复性是指顾客可能对某一方案或某一方案中的部分细节持有先肯定再否定或先否定再肯定的态度，导致销售人员或设计师无所适从或无法抓住顾客的真实意图；对比性是指多数情况下，顾客会对同一品类产品的不同竞争品牌提出的解决方案进行综合对比评估，以期找到能够更好地满足自身需求的解决方案。

牢牢掌握解决方案的这些特点，能够帮助销售人员有针对性地做出合理的工作计划，加深对顾客需求的理解程度，从而在残酷的市场竞争中取得先发优势。

围绕解决方案这一店面销售过程中的关键节点，我们一起来看下具体会存在哪些问题以及我们应如何面对这些问题。

环境适应性

“这个颜色/大小不知道会不会配？”

场景1：“这个颜色不知道会不会配？”“这个款式不知道会不会搭？”

场景背景：1对1、1对N或N对1、N对N。

场景分析：顾客对某一单品或某一解决方案中所涉及的颜色问题提出了质疑，并期望得到销售人员或设计师的专业答复。问题源于顾客受到自身专业能力的限制，无法站在整体装修风格全局的角度进行分析判断，更无法提前在脑海中构建可能出现的整体颜色或款式搭配效果，所以在面对决策时会出现举棋不定或犹豫不决的情况。

常见应对方式：

方式一：“您就放心吧！这个颜色很好搭配的！”

方式二：“您眼光真不错，这个款式是我们店里卖得最好的，也是最好搭配的！”

方式三：“这个款式是百搭的，是很好搭配的！”

◎ 有效应对方式：

方式一：“看来您还是很注重整体效果的，这是好事，刚好我们设计师也在店里，我叫她过来帮您看一下，毕竟他们是专业的，也最有发言权！”在有驻店设计师的前提下，可以多发挥团队协作的作用，同等情况下，在处理此类专业问题时，往往设计师的解答更容易被顾客接受，即便他可能还不如你专业。

方式二：“这个您不必担心，这款产品我们有很多实景案例供您参考，您稍等，我拿过来给您看下……”在没有驻店设计师的店面我们可以借助一些销售工具来辅助我们进行沟通，以增加我们的语言权威，同时也可以在一定程度上强化顾客对我们的信任。

方式三：“您稍等，我叫我们店长过来帮您参考一下，她在这个行业已经做了8年了，经验非常丰富，凡是经过她把关的搭配效果，顾客基本上都很满意。”在没有驻店设计师或销售工具配置不健全的店面，可以选择团队协作方式来实现与顾客的高质量沟通。

方式四：“的确，颜色和款式如果搭配不好，整体效果很难保证。我叫我们经理过来帮您分析一下吧，他是做设计师出身的，在这方面非常有权威。”

方式三和方式四本质上是同一种方法，但表现强度不同，具体可根据实际情况灵活运用。

有些销售人员会问，如果我不利用任何团队协作和销售工具，我本身就很专业，完全可以为顾客解答此类问题，是否还有寻求团队协作或辅助销售工具支持的必要？这个问题没有标准答案，需要具体情况具体分析。当你有足够把握或有足够深厚的顾客信任作为基础时，当然可以不用这么麻烦。但在普遍情况下，有团队协作或销售工具辅助支持，沟通质量会更加有保证。

场景 2：“这个大小不知道会不会合适？”“这个不知道放得下放不下？”

场景背景：常见于 1 对 1 或 1 对 N 背景下。

场景分析：顾客对产品空间适配性不是很有把握，或担心因产品空间适配性导致整个使用环境受到影响。如因产品体积过大导致过道空间受到挤压，或使用空间不能完全容纳产品。

◎ 常见应对方式：

方式一：“您多大的客厅/卧室？只要客厅/卧室不是特别小的话，都是可以放的！”

方式二：“您的客厅/卧室尺寸有吗？我可以帮您算下使用空间。”

◎ 有效应对方式：

方式一：“您的户型图或室内平面图有随身携带吗？如果有房间具体尺寸也可以，我来帮您看下这款产品是否适合您！顺便帮您做个大致的规划。您看这样可以吗？”此法虽然近似于常见应对方式二，但不同的是，此法不但要帮助顾客判断产品的空间适配性，还扩展到帮助顾客对整个使用空间进行一个大致的规划，服务目的立意更高，给顾客提供的服务范围也有了明显的扩张。

方式二：“哦！没有图纸也没关系，您的新房离这里不远吧？我可以到您的新房帮您看下，顺便帮你画个室内平面图，这样您以后买其他产品也就没有后顾之忧了！”借助顾客有此疑虑的契机，主动提出到顾客新房现场去考察，增进对顾客产品使用环境的了解，为能够在顾客心目中建立起专业权威性并赢得顾客信任打好基础。

价格预算

顾客认为报价过高并同意寻求可替代方案

场景：顾客认为解决方案报价过高并同意尝试寻找可替代方案。

场景背景：1 对 1、1 对 N 或 N 对 1、N 对 N。

场景分析：很多时候，由于设计师不参与整个销售过程或者销售人员准备工作不充分，在销售前期没有掌握足够的顾客需求信息（主要是购买力和消费预算），导致对顾客购买力或消费预算产生误判或预判结果不够精准，出现解决方案总体报价超出顾客预算的情况。需要说明的是这种预算超出是刚性的，即不能通过技巧层面进行弥补和说服，这就需要我们根据顾客的实际反馈对解决方案进行降阶处理，即尽可能迎合或接近顾客的购买预算。

常见应对方式：

方式一：直接将顾客定义为低端消费者，解决方案全部降阶为基础配置。

方式二：只关注价格是否与消费者需求匹配，不顾及其他方面是否也能够为顾客所接受。

方式一的应对策略属于极端处理方式，既是对顾客的不负责任，也是对自己的不负责任。这种处理方式唯一的好处就是比较省事，不用大费周折。方式二的应对策略明显有些以偏概全。

有效应对方式：

方式一：在顾客没有给出具体的消费预算标准值作为参考的前提下，建议对总价做逐级降阶处理。幅度一般第一次控制在 10%～15% 为宜，若存在连续降阶情况，第二次降幅应控制在 8%～10% 为宜。若第二次降幅仍未奏效，我们需要自我反省并申请团队协助。

这样做虽然看似麻烦了一些，但却有其独特的价值。一方面，可以尽可能保证店面销售客单价维持在一个合理水平，不至于造成资源浪费；另一方面，逐级降阶处理也是对消费者自尊与其消费质量的维护和保证。

方式二：在对解决方案进行重新配置或修改时，既要做到突出重点，如价格能够为顾客所接受，也要兼顾顾客的审美偏好和消费倾向，不能因噎废食。就标准化产品而言，如木地板、成品家具、灯具、壁纸与窗帘等，在调整和重新配置解决方案时应尽可能考虑到替代方案中产品风格、款式及花色等与原方案的相似性或一致性。就非标准化产品而言，如全屋定制产品、橱柜与衣柜等，在调整和重新配置解决方案时应尽可能考虑到原方案中有哪些亮点对顾客是有较大吸引力并乐于被其接受的，并尽可能将这些要素保留下来。

当然如果顾客对原方案除价格不能接受外，对其他内容也持否定态度，就完全可以不用考虑与原方案内容的联系，直接推倒重来。

在终端实务操作过程中，解决方案的调整和修改问题实际上是一个非常重要的转折点，无论是什么原因导致的解决方案的调整和修改，如果我们的工作有效，基本上这单就成了，如果我们不注重细节与方法，很有可能煮熟的鸭子也会飞走，因为顾客往往更愿意把订单交给他认为比较懂得他需求的人。

场景模拟1

实战背景：某品牌木地板专卖店销售现场。

人员构成：导购员（1人）+顾客（1人）。

背景引申：顾客王先生家里正在装修，经过市场走访对比后，对××品牌木地板产生了一定的兴趣，该品牌无论从品牌知名度与美誉度方面还是终端体验方面都给王先生留下了深刻的印象，但由于上次店面推荐的一款产品超出了自己的购买预算，因此还处在意向购买阶段，这段时间店面销售人员经常打电话邀请王先生再到店里坐坐，今天刚好有些时间，王先生决定再到店面看一看。

导购员："您好！王先生，总算把您给盼来了！"

顾客："你上次推荐的是这款产品吗？这款产品看上去还可以，就是价格超出了我的预算！"

导购员："那请问王先生，您的预算是多少呢？"

顾客："越少越好！""这个还真没想过。""大概××元吧！"

导购员："如果这款产品确实超出了您的预算，我们店里还有两款产品与这款产品比较类似，就是这款，还有这款。这两款产品与您看的这款产品花色基本一致，都是××色系，产品表面工艺也基本相同，都是水性开放漆，比较环保。只是材质/材种略有差异，实际上家装用的话，也已经是非常不错的选择了！"

顾客："价格怎么样？"

导购员："这一款折后价是××元，这一款是××元。与您看的这一款价格差××元/平方米，不知是否符合您的预算，王先生？"

顾客：……

假设顾客没有正面回答该销售人员的问题，只是片刻沉默后便了解该销售人员重新推荐的两款产品，那么说明该销售人员给顾客寻找的替代方案基本符合顾客预期。销售人员可以充分进行产品优势和卖点介绍了。

假设顾客的回答是"这也没便宜多少！""也不便宜啊！"等，但并没有过多纠缠于价格问题，转而了解其他问题，说明这两款产品的价格在顾客的接受范围内，至少顾客能够勉强接受。

假设顾客的回答是"这也没便宜多少！""也不便宜啊！"等，并持续纠结于价格本身的问题，说明这两款产品的价格与顾客的购买预算仍然存在些许差距，销售人员仍然要按照开篇的逻辑，进行降阶处理，需要说明的是，第二次的降阶处理幅度最好控制在8%~10%范围内。

案例点评

本例中销售人员在寻找替代方案过程中对价格做逐级降阶的同时，兼顾了与原方案的一致性或近似性，这样调整后的方案排除价格因素外更容易为顾客所接受。

而销售人员若只关注价格，直接给顾客推荐低端产品或特价产品，很可能会出现价格能够为顾客所接受，但产品本身又不能为顾客所接受的情况，最终偏离了主航道，与目标背道而驰。

场景模拟 2

实战背景：某品牌全屋定制旗舰店销售现场

人员构成：设计师（1人）+顾客（夫妻2人）

背景引申：顾客刘先生和赵女士夫妇正在为新房装修选购家居建材商品，通过综合评估和对比，对××品牌全屋定制产品产生了浓厚的兴趣。××品牌全屋定制旗舰店为顾客提供了一份初案，夫妻二人对初案基本认同，但就是总体报价大大超过了预算，设计师在征得顾客同意后对初案进行了重新配置和调整，夫妻二人趁着周末休息的空当决定来店面看看重新调整后的方案是否合适。

设计师："赵姐、刘哥今天休息吧！来这边坐！"

顾客赵女士："你上次打电话说，对上次的方案做了一些调整，我们刚好今天有时间过来看下！"

设计师："好的，您稍等……赵姐，这是我修改后的方案，您先看下！”

顾客赵女士：“这个方案变化好像挺大的！原来这里有两个柜子，现在变成一个了，原来这里……现在这里……”

设计师：“确实，这个方案比原来的方案更实用一些，主要也是为了帮咱们节省一些预算！”

顾客赵女士：“来，老公你看下，我感觉改得还不如原来了！上次您设计的方案还在吗？可以拿过来我再看下吗？”

设计师：“您稍等，我来找下……抱歉，赵姐，上次的方案暂时没找到，可能被谁给放到哪里去或拿走了。我来跟您说下吧，上次的方案……这次的方案……这里增加/减少了××，大概情况就是这样！”

顾客赵女士：“这次的方案报价是多少？”

设计师：“这次的报价是××元，比上次便宜××元。”

顾客赵女士：“你感觉怎么样，老公？”

顾客刘先生：“报价还可以，但是总体感觉好像不如原来的方案！”

设计师：“赵姐，您哪里不满意可以提出来，我可以再帮您修改嘛！”

顾客赵女士：“暂时先不用了，走，老公，我们再到别家看下吧……”

案例点评

本例中设计师犯了几个常见的错误：第一，设计师没有对顾客的信息档案进行严格管理，导致第一次的解决方案缺失，无法转化为销售工具辅助支持与顾客的后续沟通；第二，设计师因过于关注顾客的价格预算，从而忽视了对其他需求要素的呈现和保留，最终导致方案不被顾客所接受，使销售进程受阻。

因此在方案修改和重新配置过程中，设计师或销售人员一定要尽可能地掌握顾客的真实需求，以初案为依据，充分了解顾客的审美偏好和消费倾向，对顾客比较关注或认可的解决方案内容，做出优先级排序，并对核心内容予以冻结，在此基础上再进行方案优化和调整，做到万无一失。

如果可以通过材质替换来达到降低总价的目的，首先应选择材质替换的方式。这样可以保证方案整体架构不会做出大的改变，以提高修改后的方案能够获得顾客认可的概率。

核心竞争力

一定要充分收集顾客信息

场景：顾客表示出了一定的产品购买意向，并接受了终端销售人员提出的解决方案初案的提案邀请。

场景背景：1 对 1、1 对 N 或 N 对 1、N 对 N。

场景分析：当前家居建材行业已经进入充分竞争阶段，为了能够凸显自身的专业服务能力，大部分定制品类品牌一般都会在顾客初次进店时即发出提案邀请。而大部分顾客出于对比择优的目的，也不会只把鸡蛋放在一个篮子里，对于有一定购买意向的品牌，一般都会欣然接受对方的提案邀请。在这样的背景下，各个品牌解决方案（初案）的核心竞争力问题会变得越发重要。甚至说一案定成交也不过分，若你的初案对比竞争品牌毫无优势，你将连修改和重新调整方案的机会都没有。

常见应对方式：

方式一：例行公事，设计师依据自己对空间的理解并结合顾客的装修风格定位进行常规设计。

方式二：根据过往的户型设计经验，按照惯例进行设计。

有效应对方式：

方式一：充分把握与顾客当面交流的机会，了解顾客对解决方案的诉求，观察顾客的穿衣打扮与言谈举止并将相关信息记录在顾客信息档案内，必要时销售人员和设计师可以共同协作，保证信息收集的全面性。

方式二：依据顾客信息档案内容，充分分析顾客的需求，并围绕核心需求要素规划解决方案的结构和框架。核心需求要素一般包括价格、产品风格与外观、产品工艺与性能等。如无特殊情况，建议设计师在规划初级方案时应到顾客的施工现场考查，以便对产品使用环境和顾客房屋的整体布局有一个全面深入的了解。

场景模拟 1

实战背景：某高端原木全屋定制旗舰店。

参与人员：销售人员（1名）+设计师（1名）+顾客（夫妻2人）。

背景引申：顾客李先生和陈女士夫妇正在为新买的一套别墅进行装修，经朋友介绍来到××高端原木全屋定制旗舰店，经过与销售人员初步沟通后，产生了一定的购买意向。为了保证初案的满意度，销售人员也邀请了驻店设计师共同与顾客进行讨论，充分了解顾客需求。

设计师：“您好！我是本店的设计师，请问咱们的装修风格有定下来吗?”

顾客：“美式。”

设计师：“嗯！现在装美式的还是挺多的！咱们有请装修公司吗?”

顾客：“是的。”

设计师：“请问是包工包料还是?”

顾客：“没，装修公司只帮我们出平面图纸和效果图，产品我们自己买！”

设计师："请问图纸今天有带过来吗？"

顾客（男）："在你包里吧？"

顾客（女）："嗯！在这里……来，您好设计师，这是图纸！"

设计师："好！谢谢！是别墅，您的房子挺大！层高也很高……请问咱们的装修预算有确定下来吗？"

顾客："这个还真没考虑过，我们也是才刚刚开始！"

设计师："好的，没关系！那咱们来谈谈方案吧！从图纸来看，咱们家里需要楼梯、护墙板、衣帽间、酒柜、橱柜、吧台柜、还有门，不知道我说的完整不完整？"

顾客："差不多。门先暂时不用考虑，我们有可能会去专卖店买。最主要就是楼梯、护墙板还有柜子这些！"

设计师："好的。咱们对颜色有什么偏好吗？"

顾客："没有！"

设计师："咱们对材种有什么要求吗？因为原木是按材种划分的，材种不同，性能和质地也就不同。比方说有的木材硬一点，有的木材软一点，有的木材重一点，有的木材轻一点。重的硬的，比较经久耐用，耐冲击。软的轻的，一般性价比会高一点，但可能不怎么耐冲击。耐久性一般家装都够用。当然，材种不同，价格也就不同。"

两顾客相互对望，一脸懵懂。

顾客（女）："你给我们推荐用哪一种呢？"

设计师："这个因人而异的，我推荐的您不一定喜欢，不过按理说您美式风格，我们会建议您选择美国红橡！"

顾客（女）："这个好像也不急的吧？订单之前确定就来得及吧？"

设计师："不是很急，最主要是方案做出来还要给您报价，您不确定材种，我也没办法给你报价，每个材种价格都不同，有的材种之间价格差距很大！"

顾客（女）：“行，就按你刚才说的，就按那个做吧！”

设计师：“行，我知道了，其他还有什么要求吗？”

顾客（女）：“对了，咱们这个原木要刷漆的吧！这个漆会不会不环保？我前两天到网上查询了一下，好像漆里面有苯、甲醛什么的……”

设计师：“这个您尽管放心，我们用的原材料都是符合国家环保标准的！如果实在担心，咱们也可以选择水性漆啊！”

顾客（女）：“水性漆是什么漆？”

设计师：“这个怎么跟你解释呢！因为，我们不卖油漆，也不是很懂，我就知道水性漆是油漆中比较环保的！”

女顾客有些疑惑和不解。

顾客：“好的，那你就先帮我们做个方案吧！我们还要看看其他材料，等你方案做好我们再聊。”

设计师：“好的。”

案例点评

通过本例我们可以发现，整个沟通过程存在以下问题和不足：

第一，设计师在了解顾客颜色偏好时，缺乏一定的沟通技巧。如在询问顾客关于颜色偏好时，可以进行适当的扩展或选择封闭式的问题形式。在“咱们对颜色有什么偏好吗”这句问话之后，再加上一句“比如说深色、中性色或浅色”会更好一些，这样可以保证对顾客的颜色偏好有一个充分的把握。如果能将店面原木色卡相关的销售工具作为辅助性沟通道具，让顾客凭直觉或喜好做出一个选择或给出一定的选择范围，则对顾客的颜色偏好会有精准的聚焦，也便于在配置解决方案时就材种选择做出度量。

第二，设计师在收集顾客需求信息时，忽略了全面性。如果不是顾客主动提出关于解决方案所涉及的产品工艺和选材及环保问题，设计师很可能就会忽略这些问题。解决方案中的产品工艺与选材属于核心需求要素，我们应该在初案前顾客信息收集阶段对其给予足够的重视，否则，可能导致初案与顾客需求匹配度不高或后期对初案进行频繁修改的情况。

第三，当顾客对水性漆这个概念比较模糊时，设计师无法给出通俗、客观的解释，不能帮助顾客深刻理解产品工艺卖点和特性。这反映出设计师的产品专业知识匮乏，基本功不扎实。通过顾客的问题，我们有理由相信顾客可能会去网上收集有关水性漆的相关信息，且不论其是否能够完全明白或消化有关油漆的专业知识，就算顾客能够完全读懂或领会，她主动去了解收集到的信息和通过我们的专业解答反馈给她的信息其结果也是不同的。如果是通过我们的专业解答，顾客获取到了关键信息，我们的专业服务能力将会被承认，我们的权威得以建立，反之，顾客心里做何感想，我相信大多数读者也能够体会得到。

即使是对产品专业知识掌握得比较充分的设计师，在面对这个问题时，如果仅是从油漆专业知识层面为顾客进行概念解读，可能与案例中情况对比会好一些，但并不一定能够充分获得顾客的认可，最大限度也就是顾客不会质疑设计师的专业服务能力。原因是你的专业知识太过专业，对方可能听不懂。合理的应对方式是设计师用一种比较通俗的方法告诉顾客水性漆与传统油漆的区别。假设设计师不具备这个能力，销售人员可以给予适当的协助。至于通俗的方法，这里面会涉及销售工具的运用、话术的编排，以及操作演示流程的创新，在此不做过多延伸，读者可自行组织讨论和创新应用。

第四，在本例中，当设计师的专业能力不足以应付顾客时，坐在一旁的销售人员未能及时解围。这种情况有两种可能，一种是销售人员担心打乱了原本的沟通节奏，另一种情况是销售人员自认为自己也没有解答这个问题的能力。我更愿意相信后者，或是后者相对而言是大概率事件。解决此类问题的办法就是认清团队协作的基础，这个基础就是对自己职责范围内的工作内容非常了解，足够专业，可以形成与其他团队成员的优势互补。

此外，除了通过与顾客面对面沟通了解一些核心需求信息外，还要对顾客的其他信息进行必要的采集和观察。如顾客的年龄阶段、职业、家庭成员构成、穿衣打扮等。我们对顾客的信息掌握得越全面透彻，我们的初案获得顾客认同或接受的概率也就越大。这些准备工作通常在实务操作过程中很容易被忽略。

笔者给出的建议是，我们终端可以根据自身的行业特性和产品特点，编制一个顾客信息采集模版，通过模版的结构化和标准化，来帮助我们检视准备工作是否充分以及是否遗漏了一些有关顾客需求的关键信息。当信息的全面性有了保障之后，我们再据此作出有针对性的初案，进而提高初案在顾客评价对比过程中的竞争力，推动销售的达成和订单的转化。

方案解读

降低方案集成度，便于顾客理解

场景：设计师为顾客设计好了初案，并邀请顾客到店了解初案的具体内容和细节。

场景背景：1 对 1 或 1 对 N。

场景分析：定制类产品解决方案基本是以图纸为载体的，也就是我们常说的 CAD 平面图纸。它不同于装修公司出具的效果图那么直观，容易为顾客所理解，甚至有一些抽象。顾客作为非专业人士，很难独立地对其进行解读，因此，必须有设计师的协助和参与。

常见应对方式：

方式一：把高度集成的图纸交给顾客后，被动地等待顾客就有关问题提问后再进行解答。

方式二：不管顾客是否能够理解，快速地将方案描述一遍，然后等待顾客的询问。

有效应对方式：

方式一：为了便于顾客理解方案，在原有集成化解决方案的基础上，另外制作一份“傻瓜版”的备份方案。其目的是降低解决方案中图纸的集成度，将图纸分解成多个独立的单元，并在协助顾客做方案解读时逐个单元地过滤，与总体方案相互对照，确保顾客能够看得清、读得懂。

方式二：为了便于顾客深入全面的理解方案，在降低图纸集成化的基础上，还应准备好各种辅助沟通的销售工具，如产品色卡、产品材质样品、表面工艺展示样品、五金配件、实景素材库等，用来支持整个沟通过程，保证沟通效率，加深顾客对解决方案细节或产品卖点的认识。

场景模拟

实战背景：某品牌全屋定制专卖店。

人员构成：设计师（1人）+顾客（1人）。

背景引申：顾客钱女士正在为新房装修，并答应了某品牌全屋定制专卖店提出的解决方案提案邀请，设计师与钱女士约好今天到店了解解决方案初案，钱女士如约来店。

设计师：“您好，钱姐！您很准时啊！”

顾客：“应该的，您方案做好了吧？拿来我们一起看下吧！”

设计师："好的，钱姐，您稍等……来，钱姐，这是给您设计的方案初稿，您先大概看下，等您看完我会给您详细地讲解。"

顾客："好，谢谢！……这里是拐角吗？这上面一排是吊柜吧？这是衣帽间吧？"

设计师："是的！"

片刻之后……

设计师："感觉怎么样？钱姐？"

顾客："还行，就是有的地方能看明白，有的地方看不明白！"

设计师："很正常，钱姐，毕竟您不怎么接触图纸，不过您也不必担心，我会一个一个地帮您过一遍！让您大致看下，主要是想让您先有个印象！"

设计师："钱姐，您看，这是您的衣帽间的设计方案，这一排是靠墙的，这个位置是一进门的位置，这边做了一圆弧的拐角，看起来比较时尚动感。这是内部结构分区，这上面用来放一些衣物，这两个抽屉主要放小件衣物，这边主要用来挂一些大件衣物，这张图是放大后的效果，实际上就是您刚才看的总图的这个部分，对，就是这里！"

顾客："这表面是什么颜色的？这上面是雕花吗？这里面的材质和外面是一样的吗？"

设计师："这表面是白色的，上面是雕花，您还看得挺仔细的，柜体的材质和门板不一样，不过那些都不急，最后确定也来得及！衣帽间这个方案您哪里还有什么不明白吗？"

顾客："大概明白了！"

设计师："那就好！钱姐，我们再来看看这个酒柜的设计方案。这个酒柜整体给人的感觉是简洁明快，因为当时您也说了，实用为主，不要太复杂。所以在设计的时候特意将容量做了一些拓展，并且尽可能考虑到外观的整体协调性。这是放大后的效果，这个酒柜在总图的这个位置……”

顾客：“嗯，这个酒柜设计得还不错！”

设计师：“谢谢！钱姐对酒柜这张图还有什么疑问吗？如果没有，我们来看下橱柜的方案。”

顾客：“好的！”

设计师：“因为您家的厨房比较大，为了让您能看得更清楚，我把总图的橱柜部分分成了几张图。咱们先来看这张，这张是一进厨房门的右手边这面墙，这上面是吊柜，中间做了一个造型，这下面是地柜……”

顾客：“这地方有门吗？这里能装东西吗？”

设计师：“这个地方没有门，钱姐！这个主要起装饰作用的，是为了点缀整个方案的，这样看起来比较洋气！”

顾客：“这张图在总图的哪个位置？”

设计师：“我来看下，在这里，钱姐！”

顾客：“知道了！”

设计师：“关于这张图还有什么疑问吗？钱姐？”

顾客：“没有了！”

设计师：“那好，我们接下来看这一张，这张图是您厨房一进门的左手边这一边，就是有窗户这一边，这里是××，这个位置是××，这上面这个位置是给××预留的位置，这个位置设计了两个吊柜，这底下一排是地柜……”

案例点评

本例中，设计师为了便于顾客理解解决方案，对集成化的解决方案构图进行了拆分，在实际与顾客沟通过程中，发挥了较好的作用。在方案演示和讲解过程中，设计师耐心仔细讲解，每一单元的方案讲解完之后，都会指明其在总图中的位置，使顾客在了解方案细节的同时也能够认识到整体，并且在下一单元开始讲解前，会与顾客就前面一个单元的讲解成效进行确认。设计师的这些工作方法和流程是值得推崇和肯定的。

美中不足的是，本例中设计师没有提前准备好相关的辅助性沟通道具，导致对顾客的问询响应不彻底。并且，辅助性沟通道具除了可以让顾客直观地了解到解决方案的相关信息外，还可以加深顾客对方案的印象，拓展顾客对产品的想象空间，提升初案的综合竞争力。

关于解决方案的讲解演示问题，是一个经常被忽视的问题。因为多数情况下，我们会带着一种同位思维。所谓同位思维，即对自己理解并熟悉的事物，习惯性地认为它也很容易被其他人理解。但事实真的如此吗？未必。

例如，作为设计师或项目经理，看懂 CAD 图纸，是非常简单的事情。如果这张 CAD 就是自己画的，那就更加简单了。但是如果给顾客看呢？莫说是顾客，就是拿给行业经验不很丰富的销售人员来看，也还是有些吃力的。那么如果在此基础上再增加一点难度，让图纸变得集成化。是否意味着顾客理解起来会更困难呢？我想各位读者一定可以在终端实际工作过程中找到答案。

我们把集成化的图纸进行拆分，虽然过程麻烦一点儿，办公用品支出方面增加了一点儿小成本（纸张），但我们换来的却是与顾客高质、高效的沟通，甚至是成交率的大幅提高。

笔者曾在某商场看到过这样的场景，一个做全屋整木定制的经营者费劲口舌地在跟一对貌似在外地做生意的夫妻顾客解释方案，这对顾客夫妻拿着 CAD 图纸翻来覆去地看，不停地问询，但通过夫妻二人似解非解的表情可以判断出，双方的沟通效果很差。你没看错，是经营者不是设计师。当我凑近去看时，赫然发现，顾客手里拿着的 CAD 图纸过于集成和复杂，这种复杂程度超过了一般顾客的承受能力。

若不想在过程中吃力，我们就要在准备工作阶段下功夫。尽可能地将解决方案拆分稀释到能够很容易被顾客理解和接受的程度，就像喂小孩子食物那样，把一块面包掰成若干小块儿，喂的人省力，吃的人也省力。

在降低方案集成度的同时，如果再辅之以丰富的销售道具来支持沟通过程，即便是一个三流的方案，也可能会在顾客内心深处激起波澜，留下深刻的印象。相反，即便是一流的方案，如果没有充分准备或讲解流程与方法运用不当，也会让顾客一知半解甚至是被顾客放弃，有谁愿意相信和购买自己都不甚了解的产品或解决方案呢？

如何高效应用顾客信息

建立标准化信息收集流程和制度

场景：设计师或销售人员完成了顾客需求信息的收集与整理，以此为基础，准备着手规划设计方案初稿。

场景背景：方案制作背景下。

场景分析：当按照顾客信息采集模版的结构和要求采集完顾客信息后，接下来的工作就是据此制作有针对性的方案初稿。但在现阶段终端的实务操作过程中，能够结构化、标准化采集顾客需求信息的终端并不多见。如果有，基本也就是屈指可数的那几个头部品牌，而如果真的要以标准化去度量，这些品牌信息采集过程和结果很可能也只是流于形式或有失全面性。

一方面是终端标准化的运营在整个行业还处于发展过程中，另一方面，人员不稳定和经营者标准化经营意识淡薄会让标准化的终端运营出现断断续续的情况，不能完全地被固化，成为终端核心竞争力要素。

往好的方向去思考，假设大部分终端都具备了标准化的顾客信息采集流程和机制，那我们在为顾客规划设计方案时要如何来利用这些信息呢？采集信息不是目的，最终目的是要让信息能够支持解决方案竞争力的形成，使解决方案能够更好地与顾客需求相匹配，获得顾客认可，为顾客所接受，进而提高成交率。

在一些有要求采集顾客信息的终端（少数头部品牌），信息采集与信息使用分离是一种普遍存在的现象，即信息采集工作交给销售人员，而信息使用者则是设计师。信息采集者往往不能充分认识到顾客需求信息的价值，原因是他不是信息使用者，这样导致的结果是关键信息的遗漏或信息采集者抱着无所谓的态度，久而久之便应付了事，使信息采集流于形式。

如果将信息采集与信息使用全部归集到设计师一个人身上，也会存在一定的弊端。一方面，设计师可能没有那么多时间用来全面收集顾客需求信息；另一方面，很多信息的采集都需要一定沟通技巧，很明显设计师并不是很擅长这一块。当然，类似集成吊顶、窗帘、壁纸等这类销售与设计职能合并在一个岗位上的品类往往不会出现这类问题。

笔者给出的建议是，仍然采取信息采集与信息使用分离的方式，充分发挥团队的协作作用。但是在这一方式的基础上，还要进行必要的优化升级，比如加强信息采集者的教育培训，帮助他们认识到顾客需求信息采集的价值，也可通过奖金与绩效关联的方式持续激励信息采集者的这一行为，而不是单纯地只是一个没有评价的工作要求。

作为信息使用者的设计师虽然不负责信息的采集，但他要对信息采集质量做出客观评价，同时对一些不完整或有重大疏漏的关键信息要自行补充，保证顾客需求信息具备全面性。针对核心需求要素信息，设计师最好在制作方案前能够与顾客进行一次最终确认，以提高信息的真实性和可靠性。

试想，如果设计师利用这些信息制作了超高满意度的方案初稿，销售人员认为这些信息能够通过提高方案满意度来提高成交率进而提升业绩，那么，一定会助推并激励其下一次的同类工作行为（顾客需求信息收集），最终形成一个正向良性循环。

而现实如果刚好相反，顾客需求信息采集回来之后被错误使用或根本不被使用会怎样呢？那一定会导致前面所讲的方法与机制成为一纸空文。

被错误使用并不可怕，因为没有掌握一定的方法，通过多学习、多交流、多总结等方式可以改变这一现状。但不被使用是比较可怕的，这意味着设计师还沉浸在主观世界中，认为我是设计师，我是专业的，做个方案有那么复杂吗，以前没采集信息，不照样做了那么多案子。

设计师的想法固然没有错，但是在现今竞争异常激烈的状况下，特别是在一二线城市中集中的中高端家居建材卖场中，在当前这个流量低迷的经营周期，你多付出一分努力，一定是有回报的。

针对如何在方案规划设计时充分利用顾客需求信息，实际上是有一些方法和原则的，如果我们熟练运用这些方法和原则，信息价值的实现自然也是顺理成章的事情。顾客信息某种程度上来讲就是我们的方案蓝图，而原则就是这份蓝图中的路径，方法就是我们将顾客信息翻译成方案内容的工具。

常见应对方式：

方式一：没有收集顾客信息，终端缺乏相关机制流程，设计师仅凭与顾客简单沟通了解到的信息制作方案，甚至在没有任何沟通的前提下凭经验制作方案。

方式二：因为各种原因，信息收集流于形式，质量较低，仅能为设计师做一个简单的参考，设计师主要还是凭经验和主观判断制作方案。

方式三：信息应用方法不当，没有发挥出应有的价值，设计师根据自己的判断有选择地关注一些自己认为比较重要的信息，导致不符合自已认知的信息被忽略。

方式四：信息没有引起足够的重视，根本不被使用，设计师依然按照自己的主观经验判断来制作方案。

有效应对方式：

方式一：确保收集来的顾客信息具备全面性、真实性和有效性。以此为基础，正确运用顾客信息指导方案制作过程。

方式二：方案初稿完成后，根据顾客信息应用的原则和方法，对方案进行全面检查和比照，确认有无关键信息被遗漏，评估方案是否与顾客需求相吻合，如果有出入，应及时进行修改和完善。

顾客信息在终端运营过程中应用的价值非常大，它甚至将成为未来终端运营核心竞争力的重要组成部分，这也是大家居整体化解决方案的趋势所在。我们有必要对其进行全面深刻的握把。为了尽可能照顾到多个细分领域的读者，关于解决方案顾客信息应用的场景模拟将选择多个品类进行场景模拟，以保证对大多数读者的工作实践起到一定的借鉴作用。

场景模拟 1

实战背景：某品牌瓷砖专卖店解决方案制作现场。

人员构成：驻店设计师。

背景引申：某品牌瓷砖专卖店驻店设计师（销售人员）已经完成了对顾客 A 相关信息的全面收集，现在正式启动方案制作。

装修风格：顾客 A 的装修风格为现代风格。

购买力定位：顾客 A 正在装修的房子是一套别墅，其均价在当地市场排名靠前，顾客 A 家庭乘用车估值分别为 100 万元（男）、60 万元（女），顾客 A 的职业为私营企业主。依据上述信息预判，顾客具备经济实力，购买力强。

产品需求信息：顾客的产品需求包括客厅地面瓷砖、阳台瓷砖、卫生间瓷砖、厨房瓷砖。客厅瓷砖顾客明确表示会考虑微晶石、全抛釉工艺，至于亮光还是哑光，根据设计师的方案再做定夺。其他空间的产品要求没给出明确倾向，待设计方案出来后再议。

其他相关信息：阳台、卫生间为长方形；厨房近似正方形；顾客有计划做原木护墙板；顾客男年龄为50岁以上，女40岁左右；顾客家庭成员包括夫妻二人以及一个儿子和一个女儿；男顾客审美偏好属于简约类型，女顾客审美偏好属于精致格调类型；男顾客平时着装以素色（黑、白、灰）为主，女顾客平时着装比较精致，略带一点儿文艺气息。

依据上述信息，设计师对解决方案进行了大致的规划：

客厅产品解决方案：客厅推荐米白色微晶石工艺半哑光（介于亮光和哑光之间），产品水刀拼花方案中仅选两色（包括主色调）作为对比，不设计复杂拼花，考虑做简单花型走边点缀。

客厅产品解决方案依据：选择微晶石依据是顾客购买力。选择米白色是基于顾客装修风格和个人审美以及着装色调诸要素信息综合考量。半哑光是基于顾客年龄及个人审美偏好考量。水刀拼花方案是基于对顾客装修风格和审美偏好的考量。

阳台产品解决方案：米黄色小块仿古砖，长方形与正方形均可，墙、地一色，腰线加花片（简单花型）。

卫生间产品解决方案：墙、地双色（柔和对比色）仿古砖，墙面与地面均为长条形，墙面瓷砖宽度为地面瓷砖宽度的二分之一，墙面加精致腰线花片（复杂花型）。

厨房产品解决方案：墙地一色。地面瓷砖为正方形，两色双拼，墙面长方形正方形均可

阳台、卫生间与厨房产品解决方案依据：主要依据使用环境与女顾

客相关信息。

延伸产品解决方案：陶瓷薄板（大板）米黄或浅灰干挂上墙。

延伸产品解决方案依据：主要依据是顾客有计划做原木护墙板。

实战点评

本例中设计师在规划方案时，对顾客相关信息的应用十分高效和熟练，可以看到，无论是满足顾客需求，还是迎合顾客，都离不开顾客相关信息的支持，如果没有或缺乏顾客相关信息，我们在制作方案时就很难找到顾客的倾向。

以上这些都是基本工作，最为人称道的是，当设计师掌握了顾客有做原木护墙板计划的信息后，有针对性地做了一个延伸产品解决方案，这才是本例最大的亮点。无论这个延伸产品解决方案能否为顾客所接受，都不妨碍我们对设计师超常发挥的工作表现给予肯定。

顾客周边信息不采集，或信息采集回来以后因不重视被忽略，在现阶段的终端运营过程中是一个普遍现象。同时也反衬出顾客信息的全面性以及设计师注重细节的工作作风在实际工作中的价值和意义。

场景模拟 2

实战背景：某品牌整木定制解决方案制作现场。

人员构成：驻店设计师。

背景引申：某品牌整木定制专卖店驻店设计师（销售人员）已经完成了对顾客 B 相关信息的全面收集，现在正式启动方案制作。

装修风格：顾客 B 的装修风格为中式风格。

购买力定位：顾客 B 正在装修的房子是一套复式（高层），其均价在当地市场处在中等偏上水平，顾客 B 家庭用车估值为 20 万元（约 10

年前）。依据上述信息预判，顾客具备中等偏上的购买力。

产品需求信息：顾客的产品需求包括楼梯、护墙板、酒柜。顾客明确要求楼梯与护墙板的材料为原木，对木材性能要求要稳定性好，款式花型根据设计师的方案再行探讨。酒柜没有给出明显的要求，待设计师方案出来后再议。

其他相关信息：男、女顾客均60岁左右；男顾客职业为某单位领导，女顾客职业为某单位职员；顾客家庭成员包括夫妻二人以及一个女儿；男顾客审美偏好属于传统类型，女顾客未表现出明显审美偏好；男顾客平时着装以深色为主，女顾客平时着装朴素大方（居家）；女顾客比较爱干净；计划配置红木或实木家具；木门计划去专卖店购买。

依据上述信息，设计师对解决方案进行了大致的规划：

楼梯、护墙板解决方案：楼梯、护墙板材料选择稳定性较好价格处中等水平的原木，性价比高。颜色为浅红色。楼梯、护墙板花型款式以简单实用为主，避免复杂的雕花设计。

楼梯、护墙板解决方案依据：顾客10年左右的车还在开，女顾客着装朴素。通过这两条信息判断，顾客持有偏实用和节俭的消费理念的可能性较大；花型款式简单实用，一方面迎合消费者的消费理念，另一方面，产品使用维护成本比较低，因为女顾客爱干净，相对复杂雕花，简单实用的款式更容易打扫卫生。

酒柜解决方案：酒柜材料选择稳定性较好价格处中高水平的原木（如橡木），追求象征意义。颜色为浅红色。外观融入适当的雕花或造型点缀，以提高其装饰性和观感。

酒柜解决方案依据：首先，酒柜整体用料较少，即便是推荐顾客使用中高档的材种也不会增加太多预算，与顾客可能存在的消费理念相冲突的可能性较小。其次，通过对酒柜象征意义的渲染，可以弱化顾客对价格的敏感度。最后，在一定程度上可以拉升一下单值。选择适度雕花和装饰，其目的是凸显顾客的身份，提升整个家居环境的档次。

实战点评

本例中设计师的表现基本合格，不足之处在于忽视了两个细节。

第一，设计师不应过早地去定位解决方案中产品的颜色。因为顾客信息显示，顾客有计划配置红木家具或实木家具，正确做法是与顾客确认其计划选择家具的颜色后再综合考虑，即补充或完善顾客相关信息后再来定位解决方案中的产品颜色。这样既可以避免给顾客添麻烦，也可以有效杜绝将来顾客整个家居环境的色彩搭配不协调现象。

第二，设计师没有为顾客提供延伸方案（木门）。很多时候，由于我们整木定制店面，没有木门专卖店那么多的款式和样品供顾客选择；或者顾客认为专卖店更具专业性，一般会有分开购买产品的计划和打算。当我们问询顾客是否需要木门时，顾客可能会说暂时不需要，但实质上他说的不需要可能是不需要从我们门店购买。类似本例，设计师如果询问顾客有无木门的需要，顾客可能回答说暂时不考虑，那么很可能大多数设计师就真的认为顾客不需要了。但是即便顾客对我们说暂时不考虑，我们也可以适当做个延伸方案，没准儿顾客还就认准了这个延伸方案。

场景模拟3

实战背景：某品牌全屋定制专卖店解决方案制作现场。

人员构成：驻店设计师。

背景引申：某品牌全屋定制专卖店驻店设计师（销售人员）已经完成了对顾客C相关信息的全面收集，现在正式启动方案制作。

装修风格：顾客C的装修风格为简约风格。

购买力定位：顾客C正在装修的房子是一套普通套房，以商业贷款形式购得，首付由双方父母共同出资赞助，其均价在当地市场处在中等水平，顾客C暂未购置家庭乘用车。依据上述信息预判，顾客购买力属一般水平。

产品需求信息：顾客的产品需求包括橱柜和衣柜。顾客未表露出明确的产品选择倾向和个人审美偏好，希望设计师先做出方案后再讨论。

其他相关信息：男、女顾客均25岁左右；男、女顾客职业均为普通上班族；顾客正在装修的房子是一套婚房；顾客家庭成员当前阶段为夫妻二人；男、女顾客均未表示出明显的审美倾向；男、女顾客平时着装以休闲为主；男顾客个性大大咧咧，女顾客个性温柔细心。

依据上述信息，设计师对解决方案进行了大致的规划：

厨房解决方案：柜体和门板尽可能选择胶和油漆含量较少的材料，在此基础上兼顾性价比。颜色定位为浅色系。

厨房解决方案依据：顾客当前的家庭生命周期处在开始阶段，婚后生育是大概率事件，对室内环境的质量有刚性要求，这就决定了我们在为顾客规划解决方案时，应该将环保这一重要度量因素放在首位。性价比的依据是顾客的实际购买力，但性价比不能以牺牲环保为代价。

衣柜解决方案：柜体材料定位为店面环保性能指标最佳的材料。门板材料选择易清洁打理的材质，如钢化玻璃等。

衣柜解决方案依据：依据仍然是出于对顾客家庭生命周期的考量，如孕期、婴幼儿成长期对室内环境的高标准要求，还有就是未来家庭生命周期进程中，小孩子可能会经常拿个画笔到处乱涂乱画，如果衣柜门板选择木制软包、木制饰面纸贴面等材质及工艺，难以清洁甚至是无法清洁的潜在风险会比较高。

实战点评

本例中设计师整个解决方案的焦点围绕顾客家庭生命周期展开，针对解决方案中材料的种类、质地以及工艺等的选择，考虑周全，目光长远。与此同时，在保证顾客核心需求能够被满足的前提下，也兼顾顾客的购买力问题。可以说是真真正正地将全心全意为顾客着想的理念落实到了实际工作当中。

场景模拟 4

实战背景：某品牌铝合金门窗专卖店解决方案制作现场。

人员构成：驻店设计师/销售人员。

背景引申：某品牌铝合金门窗专卖店驻店设计师（销售人员）已经完成了对顾客 D 相关信息的全面收集，现在正式启动方案制作。

装修风格：各种风格、无风格定位。

购买力定位：顾客 D 正在装修的房子属面积较大的套房，共有四个房间。房子均价在当地市场处在中高水平，顾客 D 家庭乘用车估值为 20 万元左右。依据上述信息预判，顾客购买力处中高水平。

产品需求信息：顾客的产品需求包括卫生间门、阳台隔断门以及各房间（包括阳台）外窗。

其他相关信息：男、女顾客均 50 岁左右；男顾客职业为个体工商户，女顾客职业为普通公司职员；顾客家庭成员包括顾客夫妻二人，男顾客父母二人以及一个孩子共计 5 人；男、女顾客均未表示出明显的审美倾向；男、女顾客平时着装以居家为主；男顾客技术出身，比较注重产品的实用性与细节；女顾客给人感觉和蔼可亲；顾客新房毗邻城市立交桥/主干道。

依据上述信息，设计师对解决方案进行了大致的规划：

卫生间门解决方案：以简单实用为主。

卫生间门解决方案依据：以男顾客对产品关注点为依据。

阳台推拉门、阳台外窗解决方案：对产品材质及工艺的选择综合考虑实用性、隔音性能及价格。

阳台推拉门、阳台外窗解决方案依据：主要依据是顾客的购买力和顾客的关注重点。

房间外窗解决方案：以隔音和保温性能作为首要度量因素进行产品材质和工艺的考量，如选择断桥铝工艺。

房间外窗解决方案依据：外窗解决方案主要考虑的是顾客家庭成员构成与顾客房屋周边环境两个重要因素。从家庭成员构成的角度来分析，安静的室内环境有益于老年人休养和睡眠；从房屋周边环境的角度来分析，良好的隔音性能可以摆脱周边环境噪声的困扰，给家人创造一个安静舒适的生活环境。以上两种状况，在终端实务操作过程中，只要出现任何一个，都可以成为支持设计师做出上述解决方案的理由，更何况本例还是合并发生。

因为保温性能与隔音性能具有较高的融合性，解决方案在满足顾客的核心需求时，也满足了顾客的关注重点，如良好的保温性能可以节省长期用电成本，是迎合顾客注重产品实用性与细节的体现。特别是在季节性气候条件下温差变化较大的地区，如冬季寒冷的北方和夏季炎热的南方，都可以凸显出其产品的附加价值。

实战点评

本例中设计师针对解决方案的处理，显示出了其极佳地对总体解决方案的平衡能力。首先，针对卫生间门的解决方案选择简单实用为主，这样的方案规划定位带来的结果就是不需要使用顾客太多的成本预算即可以满足顾客需求。其次，针对阳台隔断门以综合性价比为基调，这样可以保证满足顾客实际需求的同时，顾客不必为此付出太高的代价。最后，针对顾客的核心需求，基本不考虑成本预算或将成本预算作为一个次要因素进行考量，只考虑解决方案是否能够解决顾客的潜在核心需求。

在整解决方案成本预算层面，形成了低、中、中高的层次布局。其优势在于：第一，可以从总体上控制顾客的实际费用预算。第二，根据顾客需求的优先级及其关注重点以及个性特征，进行有针对性的方案配置，保证了解决方案的客观性。第三，当顾客质疑中高端产品的价格较贵时，有基础产品的低价格、低预算来作为对比参照，证明我们并没有完全为顾客推荐高价产品，所有的考量都是以更好地满足其需求为前提的。

现实中，销售人员常犯的错误是，如果解决方案中房间外窗是断桥铝工艺的，在向顾客推荐阳台隔断推拉门时，也推荐断桥铝工艺，在推荐卫生间门时，只推荐那些中高端或价格偏贵的。这样做虽然产品整体定位有了较好的一致性，但却一定程度上增加了顾客的总体预算，让顾客在与其他竞品做价格对比时，得出我们的产品价格虚高的错误结论，而这些很有可能就是成交的障碍。

假设本例中，顾客根据方案去做价格对比，房间外窗的价格比其他竞品偏高一点儿，阳台隔断推拉门与市场平均水平持平，卫生间门与市场平均水平持平或略低于市场平均水平，那么顾客会很容易得出结论，认为我们的价格是合理的，即便断桥铝工艺的房间外窗比其他竞品略贵一些。

那么如果反之呢？解决方案中涉及的所有产品都比市场上其他竞品价格略高一点儿，这样的结果是，顾客很有可能被吓跑，或认为我们的价格有严重的虚高成分。这也再次印证了策略型销售和盲目型销售的本质区别。一个优秀的设计师不但要考虑解决方案对顾客需求的满足程度，而且要考虑解决方案是否有利于市场竞争和销售的达成。

为了便于大家直观地理解，我们可以通过表 9-1 来说明如何通过解决方案预算的层次组合，来达到提高解决方案竞争力的目的。

表 9-1 解决方案预算的层次组合

<table>
<tr><th colspan="5">A 方案</th><th colspan="5">B 方案</th></tr>
<tr><th>产品</th><th>定位</th><th>方案选择</th><th>结果</th><th>竞争力</th><th>产品</th><th>定位</th><th>方案选择</th><th>结果</th><th>竞争力</th></tr>
<tr><td>卫生间门</td><td>高、中、低</td><td>高</td><td rowspan="3">高
高
中、高</td><td rowspan="3">无</td><td>卫生间门</td><td>高、中、低</td><td>中、低</td><td rowspan="3">高
中
中、低</td><td rowspan="3">有</td></tr>
<tr><td>阳台推拉门</td><td>高、中、低</td><td>高</td><td>阳台推拉门</td><td>高、中、低</td><td>中</td></tr>
<tr><td>外窗</td><td>高、中、低</td><td>中、高</td><td>外窗</td><td>高、中、低</td><td>高</td></tr>
</table>

从表 9-1 可以看出，本例中方案制作者所选择的是 B 方案。B 方案的最大优势在于，能够让顾客感受到方案是完全站在他的角度，经过认真思考后制作出来的，实现了工作态度和职业素养的正向传递。

针对本例，假设顾客认为解决方案总体预算超过了其实际承受能力，需要对方案进行必要的调整，以降低总体预算成本。我们该如何进行方案的重新调整和配置呢？笔者给出的建议是：首先，降低阳台隔断推拉门的预算；其次，降低阳台外窗的预算；再次，降低客房与儿童房的外窗预算，如果仍然未能达到顾客的预期；最后，只能降低顾客房间的外窗预算，只保留老人房间的产品配置不变。显然，我们是按照顾客核心需求要素的优先级顺序逻辑在做减法，因其具备客观性与合理性，往往这种方式也更容易为顾客所接受。

我们只是为了便于说明方法与原则的实际应用才会做此假设，现实终端实际操作过程中小幅调整可能经常发生，但大幅调整如本例中“只保留老人房间配置”类似个案并不多见，如果频繁出现，一定是我们所掌握的顾客相关信息缺乏真实性和有效性，误导了方案制作者对顾客购买力的判断。

场景模拟 5

实战背景：某品牌窗帘（布艺）专卖店解决方案制作现场。

人员构成：驻店设计师/销售人员。

背景引申：某品牌窗帘（布艺）专卖店驻店设计师（销售人员）已经完成了对顾客 E 相关信息的全面收集，现在正式启动方案制作。

装修风格：美式（小美）。

购买力定位：顾客 E 正在装修的房子是一套单身公寓，系自主贷款购买。房子均价在当地市场处在中高水平，顾客 E 正在使用的车估值为 15 万元左右。依据上述信息预判，顾客购买力处中高水平。

产品需求信息：顾客的产品需求包括客厅窗帘和卧室窗帘。

其他相关信息：顾客（女）30 岁左右；职业为个体工商户（服装店）；顾客尚未组建家庭，处单身阶段；顾客审美偏时尚潮流，有一定的品位追求；顾客平时着装以新潮为主；比较看重产品的外观与装修风格的匹配；顾客给人感觉行事果断；顾客已经在店面看过一次样品，但没有找到比较满意的款式，只是对某款帘缨给予了认可。

依据上述信息，方案制作者对解决方案进行了大致的规划：

客厅产品解决方案：围绕时尚潮流这一主题，结合小美风格的特点，对客厅窗帘产品的颜色选择定位为纯色且不能超过两个颜色（不包括纱帘），采用主布与配布相结合的方式，配布颜色要求鲜亮，走窄边即可，主要目的是起勾勒点缀作用。产品款式为无花型和无镂空。帘缨的设计要突出品位与格调，这也是客厅窗帘解决方案的亮点和核心，为此，设计师特意到网上搜索了一些相关素材作为参考，以激发创作灵感，提升方案质量。

客厅产品解决方案依据：款式定位主要依据是店面常规款式主要以绣花、印花和镂空为主，这代表了大众审美，因此应反其道而行之（排除法）。颜色定位主要依据是顾客的装修风格。双色双布对比主要目的是提升产品的时尚感和潮流，强化与大众产品的界限，迎合顾客的审美偏好。

卧室产品解决方案：卧室产品方案在基础解决方案上，又规划了一份备选方案，以增加解决方案的可选择性。

基础解决方案颜色与款式定位与客厅解决方案类似，同样选择双色双布，与客厅解决方案不同的是，卧室解决方案中的配布不再是走窄边对产品轮廓进行勾勒和点缀，而是直接选择拼接对比的形式占据布帘产品四分之一（高幅）的面积，通过增加配布在产品中的面积来强化主布与配布之间颜色的对比效果。

备选解决方案颜色与款式定位为：三色三布，无镂空，无花型。备选解决方案又被方案制作者进一步细分为A、B两版。A版三色三布拼接方式为条形平均分布（竖接外观），1号色为左，2号色为中，3号色为右；B版三色三布拼接方式为段式平均分布（横接外观），1号色为上，2号色为中，3号色为下。

卧室产品解决方案依据：依据顾客装修风格与审美偏好，进一步提升与其他大众产品的区别度，实现顾客高品位、潮流化的审美诉求；为了规避因为顾客挑剔的审美可能带来的解决方案接受度低的风险，增加了备选方案，并且在备选方案中又对方案细节进行了扩展和拉伸，通过提高方案的可选择性来间接提高方案被顾客接受的概率。

实战点评

本例中，方案制作者在面对顾客没有找到自己中意的产品和款式的前提下，仍然积极为顾客制作解决方案，这种积极务实的工作态度和作风值得称赞。在现实店面销售工作中，往往由于门店的展示空间有限，导致不可能所有顾客都能在店面展示的样品中找到其满意的款式或花色，当顾客表示没有找到自己中意的产品时，很多一线销售人员就会选择放弃或将此类顾客定性为无效顾客，这么做是大错特错的。

遇到此类顾客，我们对顾客的客观判定应该是在现有店面样品中没有找到其中意的产品，但不代表我们就不能或没有这个能力为顾客提供符合其消费预期的产品或解决方案。正确的做法是，了解顾客需求，广泛收集顾客的相关信息，再向本例中方案制作者那样去勇于尝试和创新，以争取能够拿出打动顾客心灵的产品或解决方案。特别是类似墙纸、墙布、布艺及软装相关品类的产品，有巨大的创造和自由发挥空间，稍微改变一下思维和审美角度，也许就是一个新的解决方案，关键在于销售人员不能轻言放弃，要勇于追逐。

为了增加解决方案的成功率，本例中的方案制作者选择了排除法。这个方法的应用是建立在方案制作者对顾客行为进行理性分析的基础之上的，而理性分析的前提是对与顾客相关信息的充分掌握。掌握“顾客来店面逛过一次，但没有找到自己中意的产品”这样的信息很容易，但是能将这样普普通通的信息转化为指导解决方案创作的有用信息，并由此反推顾客可能存在的审美偏好却不容易。

当然，本例中还有通过扩展方案以提高方案质量，通过增加备选方案以及对方案细节进行扩展进而增加方案的可选择性等亮点，这都是我们在日常工作过程中特别是方案制作过程中可以利用和借鉴的，有非常高的参考和指导价值。

场景模拟 6

实战背景：某品牌木地板专卖店解决方案制作现场。

人员构成：销售人员。

背景引申：某品牌木地板专卖店销售人员已经完成了对顾客 F 相关信息的全面收集，现在正式启动方案制作。

装修风格：略。

购买力定位：顾客 F 正在装修的房子是一套两室一厅套房。房子均价在当地市场处在中高水平，顾客 F 正在使用的车估值为 10 万元左右。依据上述信息预判，顾客购买力处一般水平。

产品需求信息：顾客的产品需求包括两个卧室的木地板（实木），客厅计划铺瓷砖。

其他相关信息：顾客男 60 岁左右；顾客女 50 岁左右；顾客男职业为某大型公司工程师，顾客女为某事业单位中层干部；顾客家庭成员仅包括夫妻二人；男顾客未表示出明显的审美倾向；女顾客平时着装以宽松舒适为主；男顾客比较注重产品的实用性、质量及细节；男顾客平时酷爱户外运动，如自行车、登山、跑步等；女顾客体态偏胖；顾客 F 已经来到店面看过一次样品，因为受周边人际影响，听说圆盘豆这个材种稳定性还不错，所以简单了解了一下。

依据上述信息，方案制作者对解决方案进行了大致的规划：

卧室解决方案：卧室木地板铺装方式建议选择龙骨铺装，卧室木地板推荐选择产品材种为龙凤檀（二翅豆）。

卧室解决方案依据：从顾客的年龄来看，已步入或即将步入老年，身体机能特别是骨骼与关节机能会大不如前。男顾客喜欢户外运动，常年大量运动必然导致男顾客的膝关节对比常人损耗更加严重，甚至是有旧伤，并且这些磨损和伤病是不可逆的。女顾客体态偏胖，意味着女顾客的腿部要承受比常人更高的负荷，同等情况下膝关节机能衰减速度也会快于常人。

依据对顾客基本信息的梳理和深入分析，发现顾客可能存在的问题和潜在风险后，方案规划者认为，龙骨铺装方式对比直接铺装（加地垫）更有优势。龙骨铺装方式决定了木地板与地面存在中空，这种中空可以顺利地将木材的天然属性（柔韧性）转化为弹性，而这种弹性又能直接为顾客所用，即通过增加腿部缓冲力，减缓其因为劳损或负重导致的膝关节机能衰减速度，让顾客在家里的每一步都倍感轻松。

推荐龙凤檀（二翅豆）的目的是，这个材种的柔韧性在实木地板各材种对比中位于顶端，木地板的柔韧性越好，其输出的缓冲能力也就越大，相应的顾客使用体验也就越好。顾客能从产品中获得的使用价值也就越大。铺装方式与材种选择的双管齐下，强化了解决方案对顾客核心需求的满足程度。

延伸解决方案：建议顾客客厅也选择实木地板，解决方案与产品配置同卧室相一致。

延伸解决方案依据：因为顾客在客厅走动最频繁，所以客厅铺装木地板的必要性甚至超过了卧室。

实战点评

或许有很多读者会诧异，难道木地板这种标准化的产品也需要同非标准化的产品一样，为顾客规划设计解决方案吗？这要看我们如何理解解决方案，我们可以把解决方案理解成为产品解决方案，前提是不涉及安装方式，但是当安装方式被纳入整体方案加以考量时，它就不再是单纯的产品解决方案，也就是说解决方案中包括了产品解决方案。在多数情况下，产品解决方案也是解决方案的主要内容，但产品解决方案只是总体解决方案的一部分。本例中，产品的铺装方式也是解决方案的一部分，因此，确切地说，在特定需求条件下，经营木地板的终端也需要为顾客规划设计解决方案。当然，如果顾客是选择强化地板，我们的解决方案实质上就是产品解决方案，因为常规状态下，我们的铺装方式都是选择直铺的。

本例中，方案制作者从已掌握的顾客信息出发，通过对顾客信息的深入分析，洞察出顾客可能存在的潜在核心需求，并以此为依据，对产品解决方案进行有针对性的规划，无论是产品铺装方式还是产品材种的选择，都聚焦于顾客的核心需求，在一定程度上提高了方案质量，增强了方案对顾客的说服力。

本例中还有一个细节，顾客因受到周边人际关系的影响，对“圆盘豆”这个材种有一定购买意向，类似情况在终端一线也经常会发生。多数情况下，大多数销售人员的做法是顺水推舟，就着顾客的消费倾向或喜好来，当顾客对“圆盘豆”表示出兴趣和意向时，就着重强化和渲染“圆盘豆”的材种优势，如稳定性好、纹理美观等。

而本例中的销售人员并非大多数，他知道顾客并非专业人士，易受他人影响进而做出不适合自己的购买决策。销售人员有责任也有义务帮助顾客找到最适合他的解决方案，即便这么做有些逆着顾客的味道。

我们有理由相信，凡是开明或考虑周全的顾客也一定不会因为销售人员的解决方案没有顺从于自己的想法而感到厌烦，相反，当销售人员给出解决方案的依据时，顾客更容易被销售人员的真诚所打动，被销售人员的专业服务能力所折服。

就客厅地面而言，瓷砖是顾客计划选择的材料。但是当我们能够拿出足够的理由和依据来支持顾客应该选择木地板时，相信顾客也会重新斟酌，只要顾客重新斟酌，对我们而言，无论是客单价或单值，都有倍增的可能，毕竟客厅的面积摆在那里。同理，针对客厅计划选择木地板的顾客而言，销售瓷砖的终端也可以做尝试性的逆转。

如本例中，假设不考虑成本预算这个因素，顾客能接受延伸解决方案的概率是很大的。即便考虑装修预算，我们也还有替换方案，如仍然选择龙骨铺装方式，改由其他性价比高、柔韧性好的产品，或是将客厅与卧室产品区别开来，客厅选择柔韧性较好的二翅豆，卧室选择一般的基础材种等，方法多种多样，关键在于顾客是否认同销售人员为其指明的核心需求以及对需求被满足的渴望程度。

上文就解决方案规划设计的相关问题特别是针对顾客相关信息的应用实践，进行了大范围的描述和点对点的分析，相信大家已经能够大致认识到解决方案规划过程中的工作重点、方法以及容易被忽视的细节。

囿于篇幅所限，我们不可能把每一种行业内的产品都设计成模拟实战，为大家演示分析一遍，也完全没那个必要，毕竟顾客千差万别，不同的顾客有不同的核心需求，甚至同一顾客不同阶段的需求也会有所变化。设计六个以不同产品为背景的模拟实战，最根本的目的还是希望能够从中找到一些共性特征或让大家对解决方案规划设计的原则和方法有一个深刻全面的认识。只有当我们掌握了根本，把握住中枢的时候，我们才能够真正做到以不变应万变，从容应对各种机会和挑战。

通过对上述六个场景模拟案例的总结分析可知，要想为顾客规划设计一份高质量的解决方案，必须遵循以下几项基本原则：

◆ 掌握全面真实的顾客相关信息是基本前提

上述六个案例中，无论哪一个解决方案都用到了顾客相关信息，甚至可以说每一个解决方案都是对顾客相关信息充分利用的结果。对于顾客信息收集的形式，我们可以选择结构化方式、标准化方式等，如设计结构化或标准化的顾客信息采集模版，并定期对模版的内容和结构进行更新和优化。对于顾客信息采集的方法，除与顾客进行面对面正式沟通外，还可以通过私下的非正式沟通，综合利用聊天法、观察法、引导法、试探法等多种方法和技巧收集顾客相关信息。

◆ 要善于从顾客相关信息中找到关键信息

抓住关键信息的原则在于信息本身与人相互联系的紧密程度。任何行业的销售，说到底，都建立在充分满足核心需求的基础之上，产品也好，方案也罢，其重点是对核心需求的充分满足。如铝合金门窗案例中的周边环境噪声与人的联系是很紧密的，因为噪声可以直接影响或威胁到人身健康，会影响睡眠并给人带来痛苦，人的惯性心理都是趋利避害的，这些都是顾客相关信息中的关键信息，因为它直接与顾客的核心需求紧密相关。

◆ 要具备对顾客需求做优先级排序的能力

通过顾客信息反射出的顾客需求是多方面的，我们必须有所取舍，抓住核心需求，以满足核心需求为首要任务，否则就会落入面面俱到、眉毛胡子一把抓，结果什么也没抓到的陷阱。例如，全屋定制案例中，除了产品的环保性能外，顾客对产品的款式和花色可能也会有一定需求，但这些需求的重要性明显不能和产品的环保性能相提并论。

◆ 对顾客相关信息的分析要深入，对信息价值的判断要准确

对顾客相关信息的分析，不能仅仅停留在表面。如窗帘案例中，“顾客来店逛过一次，但没有找到自己中意的产品”这则信息，如果仅从表面理解，那我们很可能直接把顾客定义为无效顾客，或是认为我们的产品（样品款式）缺乏竞争力。

但是当我们深入分析之后，会得到“顾客可能对偏大众审美的产品不感兴趣”这样的结论。进一步分析，我们的方案规划方向应该偏小众化或差异化，这么做或许我们还有成交的机会和可能。

再如，全屋定制案例中，“顾客正在装修的房子是婚房”这则信

息，如果我们仅从表面理解，那就推荐或考虑适合这对新婚夫妻的产品或解决方案即可。但是当我们深入分析后，会知道顾客未来可能面临生育的问题，家庭成员结构预期会有新的成员增加，并且这个新的成员有可能会乱涂乱画。通过层层分析推导，最终我们可能得出这样的结论，我们所要满足需求的主体不只是当前这对未婚夫妻，还包括那个将来出生的孩子。

又如，木地板案例中，“男顾客的爱好”和“女顾客的身材”这两则信息，如果只是从表面来分析，几乎没有太大价值，甚至这两则信息有没有采集的必要都要画个问号。可是，当我们深入分析后，判断顾客可能存在膝关节机能老化以及旧伤，或是顾客因腿部负荷过重而存在膝关节机能加速衰减的潜在风险，并由此得出实木地板的天然属性特别是柔韧性以及铺装方式对顾客的使用价值较大，能够更好地满足顾客核心需求这样的结论。

由此可见，如果没有对信息的深入分析，意味着对信息价值的利用是不完整或不彻底的，也可以理解为，信息深入分析是信息价值利用最大化的前提和必要条件。同时，信息深入分析的过程也是帮助顾客找到其核心需求的过程。

解决方案在终端销售过程中的重要性，通过本部分的讨论和介绍，相信大家也都有所认识。那么该如何评估或鉴别解决方案的质量，保证解决方案与顾客需求的高度匹配，提升解决方案在市场上的竞争力呢？我们可以通过解决方案评价的一般性原则对其进行检验和评估。

解决方案评价的一般性原则包括客观性原则、安全性原则、实用性原则、经济性原则、准确性原则、融合性原则、可比性原则。

◎ 客观性原则

客观性原则是指指导解决方案规划设计的依据是顾客相关信息而非

方案制作者本人的主观判断或经验主义。如果一份解决方案建立在对顾客相关信息充分分析和利用的基础之上，则可以认定该方案具备客观性，反之，可以认定该方案不具备客观性。

◎ 安全性原则

安全性原则是指解决方案本身不能对人身安全（包括健康）构成威胁。如面对顾客家庭成员中有小孩的情况，产品解决方案中应避免过多突出的锐角或直角，若实在受制于空间条件，应尽可能将锐角或直角转变成圆弧角，若实在无法避免，也应该建议顾客采取必要的防护措施。再如，产品的环保性能要达到国家相关标准，不能对顾客的健康构成威胁。又如，集成吊顶中的电器设备、厨电产品、暖通产品等关于水、电、气的使用安全的保障等。

◎ 实用性原则

实用性原则是指解决方案要尽可能贴合顾客的实际使用需要，避免过多的铺张浪费和过于花哨且不切实际的规划设计。

如有些瓷砖店面为顾客规划设计了花哨无比的拼花方案，且这种拼花方案并不是为了满足顾客装修风格的需要，此类案例都是严重违背实用性原则的体现。

◎ 经济性原则

经济性原则是指在保证顾客需求被充分满足的前提下，尽量为顾客考虑合理使用装修预算。经济性原则并不是追求低价和便宜，关于这一点大家一定要有一个充分的认识。

有些集成吊顶终端，在为顾客规划设计客餐厅吊顶解决方案时，明明四台装饰照明灯就足以满足顾客需要，非要为顾客设计八台装饰照明灯，这样看似短期内提升了客单价，拉高了业绩，但是从长期来看，明显是不道德的，因为顾客可能糊涂一时，但不会糊涂一辈子。

◎ 准确性原则

准确性原则是指解决方案与顾客的真实需求具有较高的匹配度。这一点可以通过分析回顾顾客相关信息并对照解决方案的实际内容加以确认。

◎ 融合性原则

融合性原则是指解决方案与顾客的总体装修风格以及与其他周边产品解决方案必须具备较好的融合性，色彩搭配要和谐适宜。如地板与墙面的颜色融合，家具与地面和墙面的颜色融合，窗帘（布艺）终端解决方案与实际装修风格的融合等。

◎ 可比性原则

可比性原则是指当解决方案中包罗了系列产品解决方案时，除非遇到对价格不敏感的顾客，否则尽可能设计一个合理的产品定位分布，保证解决方案的整体竞争性和可比性。如铝合金产品场景模拟案例解决方案中的卫生间门、阳台门、房间外窗等，方案制作者根据顾客需求的优先级排序以及顾客的关注重点，设计了一个完整可比的解决方案。

在当前乃至未来的家居建材行业，与解决方案相关的问题，一定会被越来越多的终端经营者和广大一线销售人员甚至是产品生产厂商所重视。因为它几乎就是未来终端核心竞争力的重要组成部分。建议广大一线销售人员在日常工作中，要将相关理论充分运用到实践当中去，用实践去检验它的有效性，并能够举一反三，建立属于自己的专业理论基础，提高自身综合能力和职业素养，从而推动组织和团队在解决方案核心竞争力塑造方面取得佳绩。

第十章

单店活动中的顾客心理及应对方式

活动促销对当前家居建材行业终端运营而言，似乎已经成为一个常态化的运营方式。甚至有人说，家居建材行业当前就是不促不销的状态。这既是对市场竞争白热化赤裸裸的描述，也是对终端运营主要依靠活动促销来支撑的行业现状通俗化的解释。为什么活动促销这种方式在家居建材行业备受推崇甚至已经产生了严重的依赖性呢？原因主要有以下几点：

第一，通过活动促销的方式，可以最大限度地统一终端经营者及其所属团队的阶段经营目标，通过目标一致性强化团队合力，从而提升团队整体工作效率。这一点对比活动进行时和常态化经营时的实际团队状态便可一目了然。

第二，现如今终端的促销活动多数都会有厂商不同程度地参与，或给予费用补贴和物料支持，或给予人力资源支持，这在一定程度上为终端主动组织促销活动起到了鼓舞作用。同时，厂商在付出成本的情况下必然对活动结果抱有期待甚至是要求，这种期待和要求转移到终端经营者身上时，就会成为责任和压力。

第三，当前大型促销活动主要是以联盟形式在运作，其优势在于可以共担活动经费，更有利于活动的宣传造势，能够在更大范围内整合资源，发挥团队协作作用，实现经营业绩的拉升和突破。

第四，无论是单店活动还是联盟促销活动，多数情况下都会有厂商或第三方人员参与活动过程的监督与管理，即便没有上述人员的参与，经营者及其所属团队也会在惯性作用下进入状态（习惯成自然）。这样可以在短期内保证各终端趋于标准化或规范化的运营，有利于经营目标的达成。

第五，活动促销是满足顾客非专业性导致的普遍从众心理的一种方式。同时，活动促销在一定程度上能够增加厂商惠及广大顾客的力度，对顾客有较大吸引力，对成交率有显著提升作用。

第六，竞争环境的影响。业内其他终端特别是竞争品牌终端都在做活动，如己方终端不做活动，显然会处于劣势地位，因此，最好的措施就是己方也做活动，既能有效提升经营业绩也能够对竞争品牌形成反制。

通俗地说，单店活动是指由单个终端发起，以终端（店面）为主要活动场所，为实现某种特定经营目标而组织或举办的促销活动。单店活动一般包括开业活动、厂庆与店庆活动、节假日促销活动等形式。

虽然单店活动的形式多种多样，但其组织和实施的整体流程基本上大同小异。只要我们基本掌握了单店活动背景下顾客的消费心理和行为，并作出有针对性的部署，基本上面对任何一种形式的单店活动我们都可以轻松应对。接下来，围绕单店活动，我们一起来梳理一下顾客可能存在的心理与行为以及相应的策略和建议。

活动现场布置

一定要强调活动强度

场景：顾客获取到店面正在举办活动的信息，来到店面后，对销售人员提出的参加活动的邀约没有表现出强烈的兴趣，对销售人员关于活动促销的优惠力度和内容讲解也漠不关心。

场景分析：上文我们已经讨论过，当前行业的终端运营实态是活动的常态化。这也直接催生了活动满天飞，单页到处跑的结果。几乎每一个终端（品牌化经营）的每一天，都被大大小小的活动包裹着。这种现象会让顾客觉得，似乎随便找个主题就可以搞一场活动，原本的活动促销性质与功能已经荡然无存，也很难将活动促销视为一个最佳的消费机会。

常见应对方式：

方式一：简单挂个劣质条幅，店内贴几个特价标签，做个K展架或易拉宝，正式对外宣布，本店正在搞活动。

方式二：店面简要布置后，凡进店顾客销售人员必介绍特价产品以及最低折扣的产品，以彰显店面活动促销的力度和诚意。

有效应对方式：

方式一：根据店面活动促销主题，对店面进行全面、周密、立体化的布置，营造活动氛围，打造活动势能。

方式二：非特殊顾客群体（低端或需求定位差异），从不主动向顾客推荐特价或最低折扣产品，确保店面活动现场布置在同区位的同品类中名列前茅。

场景模拟

实战背景：某品牌集成吊顶专卖店活动筹备现场。

人员构成：店面所有团队成员。

背景引申：某品牌集成吊顶确定在6月18日举办一场店庆促销活动，所需物料资源均已到店，现在正式进入店面布置阶段。

6月10日，经过全体团队成员的共同努力，店面活动现场布置成果如下：

品牌厂商提供的气拱门一个；与店门齐宽的地贴一幅；门头条幅（窄幅）一条；堆头2组；店外K展架1个。

店内布置成果：门店入口活动促销礼品堆头1组；气球若干；各类促销价格标签若干；店内地贴若干；店内易拉宝1个；蝴蝶结造型彩条若干；碎花片撒地。

实战点评

本例中，店面团队成员把“店面充分布置”这个本应该发生在6月17日的工作任务提前了一周，这是本例的亮点。其目的是通过高强度的活动氛围塑造“活动”在同区位、同品类中的竞争力。

而店内布置现场缺少糖果、小食、水果等，这是本例中的不足，别小看了这些零碎的小物件，所谓的氛围强度就是靠这些小物件堆积起来的。少了一个类型的物料，实际上损失的就是活动氛围强度，衰减的是“活动”的势能。

本例中并无太多复杂和陌生的内容，凡是在家居建材品牌专卖店有过从业经历的销售人员，相信大家都已经掌握了上述内容，只不过有些品牌不会做得这么面面俱到而已。

很多时候我们的销售人员知道“为什么要这么做”比知道“如何做”更重要。因此，本例并不是告诉大家如何去做，而是希望告诉大家为什么要这么做。解决“如何去做”，只是解决了一个技巧和方法的问题，解决“为什么要这么做”，却是在解决一个思想和态度问题。

如果你问“做活动为啥要布置店面啊?”很多一线销售人员会马上回复你“这样才有活动氛围啊!”如果继续追问“为什么要有活动氛围啊?”估计就会有很多人卡壳了。

正是因为我们对“为什么要这么做”这个问题没有深入思考，才会导致大多数门店的活动现场布置极为失败，即便有一些一线品牌活动现场布置的还算中规中矩，但那绝不是因为团队整体对店面布置这个任务发自内心重视的结果，而是建立在品牌厂商及区域销管人员对终端运营标准化、流程化、执行力严格监督检查的基础之上。

那我们为什么要这么做呢？这么做的目的是让每一个进店的顾客充分相信我们想实实在在搞一场活动，对于这场活动我们的态度是认真的，这场活动对于顾客而言，是一个难得的消费机会。

而我们的传统做法是什么？舍不得花费成本采购、制作物料，嫌有质量、有氛围的活动现场布置太麻烦，只能通过对店面特价产品或折扣力度的渲染这种低级方式，向顾客塑造活动的真实性和力度以及整个运营团队对活动的态度。最后的结果就是顾客无感觉，努力全作废。

家居建材行业的现状是每天都在做活动。当大家都在做活动或谈论活动时，实际上活动这个词对消费者而言已经没什么太大价值了。说得再直白一点，语言上的“活动”对消费者而言是廉价且苍白的，只有消费者眼睛里的“活动”才是鲜活且有价值的。

试想，如果顾客正在计划购买集成吊顶产品，他来到一个商场（市场），几乎把所有集成吊顶品牌专卖店逛了一遍，每家店都在做活动，只是主题不同，有的是店庆，有的是厂庆，有的是夏季送清凉等，请问，此时对于顾客而言，“活动”价值几何？

笔者在走访终端一线与部分一线品牌资深店长做深入交流的时候，收到的普遍性反馈是“顾客现在对活动已经麻木”。

假设想买集成吊顶的顾客逛了一圈儿下来，认为只有 A、B、C 三个品牌活动氛围比较充分，看上去确实是在搞活动，而其他品牌几乎毫无氛围而言，基本上还是把“活动”停留在口头上。单就对活动真实性与重视性两个指征进行判断，顾客认可 A、B、C 三个品牌的可能性比较大，还是认可其他品牌的可能性更大？答案已经不言而喻。团购会、联盟活动做了这么多年，在现实的终端，类似 A、B、C 这类终端仍然是稀有品种。

本轮A、B、C三个品牌胜出，胜出的原因是A、B、C三个品牌通过有效的店面布置，成功向顾客传递了其实实在在搞活动的态度，真正把“活动”做到了顾客的眼睛里。同等情况下，顾客更愿意相信他看到的，而不是他听到的。

我们再进一步假设，在A、B、C三个品牌中，C品牌店面活动现场布置最给力、最完善、最注重细节，成功与A、B两个品牌拉开了距离。试问，顾客如果要在这三个品牌中评估哪个品牌活动力度可能更大时，他会更加倾向于哪个品牌？毫无疑问是C品牌。

本轮C品牌胜出，胜在强度，胜在竞争性，胜在通过有竞争力的店面布置，将“活动”转化为顾客心目中的消费机会。只有当顾客将“活动”视为消费机会时，才能达到真正的“促销”目的。否则，活动是活动，促销是促销，活动并不一定能够“促销”。真正的活动促销概念，已经成为历史，至少在现阶段家居建材行业单店活动背景下是这种状况。

从刚才的实战案例中我们可以得出如下结论：

◇ 终端语言上的“活动”一文不值，顾客眼睛里的“活动”价值千金。

◇ 通过活动现场布置传递态度是基础，把握强度是关键。

◇ 在顾客眼里，活动现场布置的强度和竞争性与活动可能惠及顾客的力度成正比，简言之就是“强度”决定“力度”。

从众心理

“唱单人”

场景：单店活动引爆现场。

场景分析：由于家居建材商品的专业性较强，导致非专业消费者占比较大。非专业消费者为了规避购买决策风险，常常会表现出较强的从众心理。前面章节我们也谈到过这个问题，但那都是比较间接地从众心理表现及影响。最直观、最有效的从众心理表现当属活动引爆现场，专业描述就是将个体置于群体行为的相互作用和影响之下。在这个过程中，个体的行为更加倾向于与群体保持一致。这也是为什么促销活动在行业长盛不衰的一个重要原因。

群体与并发行为是激发顾客从众行为的两个重要因素。群体对应的是活动引爆现场由实际到场的所有顾客组成的一个临时群体，当然群体本身的规模也是激发顾客从众行为的一个重要因素，也就是常说的“人气”。并发行为对应的是在某一时间段内，有多少人做出了购买行为，并且这种行为对群体其他成员产生了影响和推动，最后形成并发和连锁操作。

只有将群体和并发行为这两个要素掌握好，才更有利于“促销”目标的实现。其中并发行为是关键，因为并发行为中的“行为”除签单外，还有观望，如果观望成了群体主流行为，成为从众中的“众”，对一场活动而言，可能就会是一个悲剧了。

◎ 常见应对方式：

方式一：按部就班，循规蹈矩。对活动引爆当日的工作缺乏严谨科学的规划，不能明确工作重点。

方式二：找几个跑龙套的群众“演员”，玩个前戏。

◎ 有效应对方式：

方式一：针对准顾客采取了提前订单当日参加活动的策略。

方式二：活动引爆现场安排一个语言表达有感染力的“唱单”人，在活动现场有主持人的情况下，也可由主持人兼任。

方式三：根据顾客的“成熟度”对参加活动引爆当日的顾客进行精准分类，针对“成熟度”较高的顾客采取一定的措施，保证其对

“促销”这个目的的达成起到积极推动效果。

本书中的“成熟度”是指顾客为购买某类家居建材商品所做准备的程度，准备越充分，相应的成熟度也就越高。

场景模拟

实战背景：某品牌集成灶厂庆活动。

人员构成：所有参与活动的相关人员。

背景引申：某品牌集成灶刚做完一场厂庆活动，活动从8月6日正式启动，经过一系列紧锣密鼓的筹备，活动在8月18日正式引爆。

以下为活动关键内容回顾：

活动准备阶段：在活动准备阶段，依据以往的经验，店面经营者针对准顾客采取了提前下单当日参加活动的策略，以保证落单为安。

活动爆破当日流量：爆破当日，意向顾客到店33户。顾客签到表显示，上午到店20户，下午到店13户。按照活动内容提前签单的顾客，总计4户，到店3户。顾客签到表显示，上午到店1户，时间是11：00;下午到店2户，时间分别为14：46和15：30。

活动现场气氛：活动现场气氛偏差，大多数顾客都持观望态度，表示还要再看一下。

活动成果：包括活动引爆前已经签单的顾客总计签单9户。

为此，终端经营者特意召开了针对本次厂庆促销活动的工作总结会。在谈到关于本次活动成果不理想的原因时，大家众说纷纭。有的说是因为顾客来的太少，人气没搞起来；有的说是时间太仓促，准备工作不充分；有的说是活动促销力度太小，对顾客没有吸引力……

实战点评

本例中，店面经营者采取了提前下单，当日参加活动的策略，值得肯定。

本例做得不足或有待改进之处：

第一，顾客到店时间不集中，过于分散，导致活动氛围比较松散。有些人会反问，顾客到店时间岂能由我控制？的确，我们控制不了顾客到店时间，但我可以改变游戏规则，比如说我们的活动时间限制在上午。当然这种活动爆破时间的定位是根据预期到店顾客的数量和规模来加以考量的。如本例，我们预期到店顾客的数量和规模不是很大，我们完全可以做此限定。相反，如果预期顾客到店规模和数量较大，我们则不需要此举。

即便不对活动时间进行切割和限定，我们也可以通过其他方式来引导顾客集中到店，比如前 15 名顾客享受额外买赠或优惠，这已经是在其他行业促销过程中应用比较广泛的策略了。

第二，针对已下单顾客这样的稀缺资源利用不彻底。很多终端认为反正顾客已经下单，什么时候来都不重要。很明显这种理解是错误的。我们上文已经说过，从众的这个“众”是存在两面性的，如果这个“众”出现了购买行为，接下来的并发操作和群体连锁反应对我们而言才有价值。可是当预期到店顾客或高成熟度顾客数量有限时，这个“众”的购买行为由谁来完成？简言之，谁来烧这头几把“火”？显然，我们已经订单的顾客是最适合的人选。当然，我们也可以期待高成熟度的意向顾客来完成这个光荣任务，但是，那是建立在有较多高成熟度顾客的基础之上的，否则，也只是期待，谁也没有绝对把握。

本例中已经签单顾客到店时间段比较分散，且时间点几乎都不是客流高峰期，还有一个顾客没能到店。正确做法是引导已经签单的顾客集中在客流高峰时段到店并完成爆破活动的相关签单流程，产生模范带头作用。

第三，本例中针对有限的意向顾客群体未进行精准分类，针对高成熟度顾客的区别对待或充分利用就更加无从谈起。这直接导致的结果就是并发行为与连锁反应发生的概率降低，强度减弱。

当处在活动现场的顾客群体内发生了购买行为时，最容易被影响和带动的就是那些高成熟度的顾客，高成熟度的顾客越集中，其并发行为与连锁反应发生的概率也就越大，相应的强度也就越高。相反，高成熟度顾客比较分散，并发行为和连锁反应发生的概率自然会降低，相应的强度自然会减弱。

第四，本例中没有安排“唱单”人唱单，不能对现场气氛进行适当的调节和助推。“唱单”人最直接的价值就是当活动现场有顾客成交时，他要以极富感染力的方式将这个成果传播给现场的每一位顾客，以刺激从众行为发生的概率。有时候，活动现场比较杂乱，很多顾客在忙着选购样品或与销售人员交流沟通，不可能对现场发生的所有事件都关注到，特别是能够引起从众行为发生的购买行为。这时，“唱单”人就起到了非常好的补充和提醒作用，以保证现场的每一次购买行为都能影响到每一位顾客。同时，“唱单”人还可以通过重复播报购买行为，频繁提醒活动结束时间等方式来制造紧张感和压迫感，强化顾客把活动视为“消费机会”的认识。

坐过火车的朋友应该都知道，火车上的售货员经常玩“唱单”的游戏。例如，“这位大姐带两份！”“这位大哥带一份！”“目前咱们这个车厢已经卖 5 份啦，来，走过路过，不要错过……”

可以举一个日常生活中更形象一点的例子，来降低理解难度，加深理解深度。

活动爆破过程就如同把一堆木柴引燃的过程，这堆木柴烧得越旺，意味着我们的活动成果越好。

那么我们首先要思考的是火种在哪里？如本例中，最适合担任火种角色的莫过于已经签单的顾客。我们再进一步假设，这堆木柴里有干柴和湿柴，并且湿柴数量绝对值远远大于干柴，那我们应该怎么办呢？

我们首先应把干柴与湿柴进行区分，干柴我们可以理解为高成熟度的顾客，湿柴即非高成熟度顾客。区分的目的是将干柴集中起来，让他们离火种更近，早一点燃烧起来，并形成火势。如果干湿不分，统统搅和在一起，莫说火势成不了，就是干柴能不能充分燃烧都还是个问题。因为干柴带着干柴燃烧，很快就会烧起来，反之，则比较困难。这里的干柴带着干柴燃烧，我们可以理解为在高成熟度顾客群体中所发生的并发行为或连锁反应。

而我们的“唱单”人就相当于在一旁煽风点火和火上浇油的那个人。制造紧张感和压迫感的过程相当于扇风的过程，向全场“唱单”的过程实际上就是火上浇油的过程。

再反观上文的模拟实战案例，首先，把为数不多的木柴分成了两堆（未对活动时间做出限定），同样数量的木材一堆烧得旺还是两堆烧得旺这很容易判断；其次，制作了火种（提前订单策略），但火种不集中（已签单顾客到店时间分散）；再次，干柴和湿柴混在一起，未加以区分（未将高成熟度顾客与其他顾客进行区分，更没有采取集中消化的引导措施）；最后，未安排煽风点火的人（未设置“唱单”人）。因此，火烧得不旺（活动成果不理想）也就不难理解了。

对比后心理

对顾客按“成熟度”精准分类

场景：单店互动筹备全过程。

场景背景分析：在对上一案例的阐述和分析中，我们已知，高成熟度顾客对一场单店促销活动的成败起到了决定性作用。为了能够达成活动预期成果，我们必须对这一顾客群体资源进行有效管理和利用。那么，高成熟度顾客到底从哪里来，如何对这一顾客群体进行识别，其关键特征又是什么呢？

高成熟度顾客实际上是从持有“对比后心理”的顾客群体中进化而来，自然，“对比后心理”也就成为高成熟度顾客这个意向顾客群体最鲜明的特征和标志。持有“对比后心理”的顾客并不一定都会成为高成熟度顾客，但高成熟度顾客大部分都是持有“对比后心理”的顾客。

“对比后心理”是指顾客为了保证购买决策的正确性和有效性，在决策前对计划购买的解决方案与市场上的其他同类解决方案进行综合对比后所持有的心理。其对比的范围越广，纵深越长，相应的对比后心理强度也越强。

为了便于大家深刻认识到对比后顾客这一群体在单店活动中的重要性和价值，我们可以通过图形的方式来加以说明（如图 10-1 所示）。

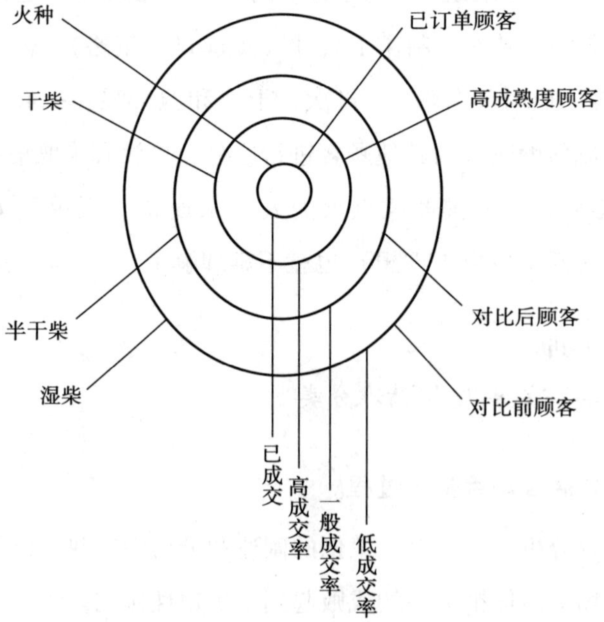

图 10-1　单店活动促销意向顾客分类价值图谱

由图 5-1 可以看出，单店活动促销意向顾客的进化逻辑是对比前心理顾客→对比后心理顾客→高成熟度顾客→活动前订单顾客。持有对比后心理顾客的群体规模不但决定了一般成交率顾客的规模和数量，还决定了高成交率即高成熟度顾客的群体规模和数量，甚至对活动前订单顾客的数量也有重要影响，因为绝大部分活动前订单的顾客都来自对高成熟度顾客的转化，是高成熟度顾客瓜熟蒂落的表现。

为此，我们必须想办法扩大对比后顾客在整个意向顾客群体中的占比，这个工作做得越充分彻底，能取得的活动成效也就越大。

常见应对方式：

方式一：针对单店活动中的意向顾客，终端没有分类概念，仍然采取陈旧的混沌和模糊的管理方式。

方式二：在整个活动筹备过程中，更加注重邀约和引流的意向顾客总量，忽视了对总量中具备转化条件的顾客向高成熟度方向的引导和转化。

有效应对方式：

方式一：对单店活动中的意向顾客，根据单店活动意向顾客分类标准和规则对其进行精准分类。

方式二：坚持既重视数量也重视质量的双量原则，前者解决的是意向顾客群体规模（总量）的问题，这是一场单店活动成功的基础，后者解决的是意向顾客群体中“高成熟度顾客”的规模和在总量中的占比问题，其决定了参与活动爆破时的意向顾客群体质量，对活动成果构成直接影响。

场景模拟

实战背景：某品牌壁纸店庆活动筹备现场。

人员构成：所有参与活动的工作人员。

背景引申：某品牌壁纸计划在5月18日举办一场店庆促销活动，现在活动正处在紧锣密鼓推进中……

为了保证活动取得预期成果，及时发现问题和不足，店长刘云在5月12日当晚组织召开了一次阶段性工作总结会，经过与会人员充分讨论，得出如下结论：

第一，通过各种渠道的宣传与邀约，本次店庆活动已经具备了一定数量的意向顾客储备，其规模与推进速度基本符合预期。

第二，根据店面制定的针对单店活动意向顾客的分类标准进行评估确认，对比后顾客这一群体的数量在意向顾客总量中的占比仍然较低，且转化速度缓慢。如何扩大对比后顾客这一群体数量的规模，成了当前活动筹备工作的重点和难点。虽然刘店长也试图引导大家就这个问题的解决方案建言献策，但由于店内大部分都是新员工，加之原来店面活动过程管理比较粗犷，缺乏历史经验支持，并没有讨论出比较理想的解决方案。

刘店长本人也是刚刚升任到店长职位，单店活动意向顾客分类管理也是在终端经营者（老板）的建议下才实施的，并且这是第一次实施。为此，刘店长不得不向终端经营者求助。可是，终端经营者只是听说了这个方法对单店活动有一定效果，销售人员应主动向顾客发出到店邀请（活动爆破前），以提高转化率，其他则知之甚少。

刘店长按照终端经营者的提示，强化了销售人员对顾客邀约到店的重视力度。但实际成果并不理想，为此，刘店长背负了巨大的压力，陷入了深深的思考……

实战点评

本例中，终端经营者善于学习与交流，能够快速将有价值的方式、方法迅速落地并指导终端工作实践，这种积极学习与快速响应的态度值得肯定。在行业内，类似的终端经营者并不少见。

然而，由于接收信息的不完整和理解偏差的存在，一套行之有效的操作方式或方法在终端落地过程中，并不能完整地被套用和转化，导致的结果是这套原本行之有效的操作方式或方法很可能会减效或失效，特别是在导入期，如果连续几次没有取得预期效果，从上至下就会开始质疑，慢慢降低重视程度，最后演变为不了了之，这也是业内终端普遍存在的现象。

如本例中的刘店长和她的老板，假设本次活动找不到理想的方法来实现对比后顾客这一群体的转化，活动成果未达到预期，他们很可能会质疑方式、方法的有效性，如果连续两三次都是如此，很可能又会回到原来的针对单店活动意向顾客不实施分类的混沌管理状态。简言之，知其向而不得其方，终至复归于原点。

那么刘店长该如何化解当前的问题，发挥出意向顾客分类管理方法的价值呢？我们不妨从以下几个方面加以思考和行动。

第一，正如终端经营者所言，所有参与活动筹备与执行的工作人员应该统一认识。这个认识就是我们针对意向顾客的邀约不能仅关注在活动爆破当日其是否能够参与，还要关注到活动爆破前顾客是否能够到店了解解决方案。这是工作价值观念的问题。

普遍情况下，我们更倾向于关注活动爆破当日能来多少意向顾客，而忽视了活动爆破前有多少顾客已经了解了我们的解决方案并在市场上与其他竞品进行过不同程度的对比。活动爆破当日能来多少意向顾客对成交率确实有一定影响，但这种相关性程度远远不及活动爆破前了解并对比过解决方案的意向顾客对成交率的影响。上文已经做过深入分析，在此不再赘述。也即是说，我们在设定工作目标时，应将意向顾客活动前到店这一工作成果单独给予评价和考核。

第二，针对活动爆破前到店了解过解决方案的顾客，我们要引导他们去跟其他同类竞品进行综合对比，主要目的是强化他们将活动视为消费机会的认知，验证或纠正他们对活动力度与真实性的判断，进而保证其在活动爆破当日做出购买决策时不再心存顾虑，增加其决策自信。这里需要一个前提，即前文论述的活动现场布置一定要有竞争力，否则，这样的行为很可能是在为同类竞品作嫁衣。

第三，可以通过进店礼品数量有限、活动当日参与人员较多可能影响产品选购与方案洽谈等压迫法促进顾客到店；还可以通过活动前到店多送一张抽奖券，活动前到店享受额外买赠等激励法，刺激顾客到店。

第四，针对白天无法分身的顾客，应该在活动筹备期内适当延长工作时长，以满足这一部分顾客对时间的特定需求。针对因为各种原因活动前无法到店或到店可能性较小的顾客群体，应建议他们尽可能挤出一点时间到市场上先了解一下同类竞争品牌的解决方案，以保证其在活动爆破当日可能做出的购买决策建立在客观基础之上。

高成熟度顾客与成交率的相关性会随着顾客群体的属性不同进而存在一定的差别。如常规情况下，二三线及以上城市相关性最高，四五线城市次之，县级市场相关性最弱。通俗点说，即便县级市场单店活动没有对意向顾客分类，只关注邀约的群体总量，意向顾客活动爆破前到店了解解决方案的比例不高，活动一样可能取得较高的成交率和预期成果，其原因是这种县级（地域属性）市场的顾客普遍存在购买决策的盲目性与从众行为的高发性等特点。

这是以地域属性为基础所产生的相关性差异，类似的属性差别还有职业、消费者受教育水平程度、消费者的购买习惯等，此处不一一列举，我们需要在实际运用中针对具体情况进行具体分析。

第十一章

联盟活动及线上促销中的顾客心理及应对方式

联盟活动

准备好销售信息名单、信息记录本、短信模板等

如果说单店活动的成败重点是对“效”的掌控，对细节的把握，那么联盟活动的重点就是对“势”的塑造，通过对参与联盟活动各终端合力形成的“势”的充分运用和发挥，来实现具体的活动预期目标。

上文单店活动中谈到的有关活动现场布置、从众心理运用以及对比后顾客心理这些方法和技巧同样适用于联盟活动，每一个终端的活动现场布置得越有竞争力，整个联盟活动促销的势能就越大。联盟活动现场从众心理运用设计得越合理，活动爆破当场顾客从众行为发生的概率和范围也就越大。同样，高成熟度意向顾客的群体规模越大，联盟活动总的成交率也就越高。

除上述因素外，联盟活动场地选择与活动现场空间布局等因素对顾客的心理与行为也会产生一定影响，如活动场地大小与到场顾客的人数多少之间的对比直接决定了活动现场的气氛。再如，现场空间分布与品牌展位设置直接决定了群体从众行为对个体的影响程度。因为这些要素都是由终端经营者决定的，与一线销售人员的相关性并不很高，我们不做展开论述。

电话销售作为联盟活动非常重要的一个宣传和引流方式，当前阶段仍然在联盟活动中发挥着重要作用，具有广泛的认知和普遍性，我们有

必要针对联盟活动背景下的电话销售工作如何开展，以及在与顾客电话沟通中如何把握顾客心理从而掌控整个沟通节奏，做详细阐述。

◎ 本节讨论的电话销售与第一章的电话销售的联系和区别：

二者的联系是都需要电话销售人员具备良好的心理素质。

二者的区别：首先，第一章讨论的电话销售主要在单店常规背景下，因为顾客信息量不大，一般沟通时间比较短。而本节要讨论的电话销售由于涉及联盟整体，信息量大，一般需要比单店常规背景下更长的沟通时间。其次，第一章讨论的电话销售比较简单直接，信息内容呈现短、平、快的特点。本节要讨论的电话销售相对而言内容比较丰富，具有一定的系统性。最后，第一章讨论的电话销售对电话销售人员的工作技能和经验要求不高，本节讨论的电话销售对电话销售人员的工作技能和经验有更高的要求。

场景：联盟活动电话销售现场。

场景分析：大型联盟活动因为具有一定的势能，加之联盟本身为顾客提供了更多的产品选择性，相对而言顾客抗拒心理要比一般状态下弱一些。同时，因为每天都有激励和总结，甚至是小组作战，对电话销售人员而言，能够在一定程度上增强其抗压能力和自信。

◎ 常见应对方式：

方式一：按照常规状态下单店电话销售的惯性来执行联盟活动电话销售工作。

方式二：新人无培训上岗，或是对电话销售人员没有进行严格的筛选。

方式三：话术设计过于复杂，导致无法真正指导工作实践。

方式四：电话销售人员没有流程化概念。

◎ 有效应对方式：

方式一：对电话销售人员进行严格筛选，对新人进行岗前培训和初期实践指导。

方式二：话术设计应简练易懂，尽量口语化，少用书面语。

方式三：在设计话术的同时，编制一个简要的沟通流程，以引导电话销售人员有目的、有意识地控制沟通节奏和及时检查沟通内容有无疏漏。

场景模拟

实战背景：某联盟促销活动电话销售现场。

人员构成：联盟促销活动电话销售人员。

背景引申：某地家居建材联盟计划于 9 月 16 日举办一次大型促销活动，现在活动已经正式启动，电话销售小组已进入工作状态。

准备阶段

电话销售小组负责人为了保证电话销售工作质量，在电话销售开始前向各小组成员发放了电话销售工具包，内容包括电话销售信息名单、电话销售信息记录表、笔、编辑好的短信模版、装修各阶段需要注意的细节。

为了提升电话销售人员的自信，电话销售小组负责人采取了一些措施对电话销售人员进行了战前动员。

准备阶段案例点评

从本例中电话销售小组负责人发放工具包和实施战前动员这两项工作安排来看，应该是一个电话销售经验丰富的销售人员，对此我们给予认可。但准备阶段还有一项比较重要的事项，未能引起电话销售小组负责人的重视，那就是对电话销售信息名单的分类。

根据电话销售信息名单的来源，大体可以将名单分为三类：第一类来自各联盟终端自然进店和小区推广所得。第二类来自业内资源整合所获。第三类来自物业和装修公司的收集。

分类的目的是在分配电话销售名单时更加有针对性。如将第一类优质资源尽量匹配给经验丰富的电话销售人员。第二类可采取随机分配的原则。第三类次级资源匹配给电话销售经验欠佳或是没有电话销售经验的销售人员。这样既可以保障资源的有效利用，也可以保证不同层次的电话销售人员更加自如地开展工作。

开场阶段

方式一："您好！先生/女士，我是××瓷砖专卖店的工作人员，咱们家里房子在装修吧？"

方式二："先生/女士，您好！我是××建材联盟的工作人员，今天给您打电话是想通知您一下，我们将在9月16日举办一场大型促销互动，现在正式邀请您来参加我们的活动。"

方式三："您好！先生/女士，我是××家居建材商场的工作人员，我们将在9月16日举办一场大型促销活动，现在正式邀请您来参加我们的活动。"

开场阶段案例点评

本例中开场话术类型不一，各有千秋。如第一种话术属于引导式开场，目的是先激发顾客兴趣，再引导顾客进入沟通状态，对缓解顾客抗拒心理能起到一定的作用。不过此种方式仍然需要用类似方式二、方式三的话术内容进一步向顾客传递信息，信息沟通方式略显曲折。

第二种话术属于开门见山式开场，直奔主题。优势是简单直接，缺点是略显唐突，容易引起顾客的抗拒。

方式二虽然与方式三在形式上接近，但本质上却存在差别。方式二的活动举办主体是联盟，方式三的举办主体是家居建材商场。活动举办主体的不同，意味着对顾客心理影响也不同。相对而言，方式三更容易塑造公信力，公信力的强弱直接决定了顾客接受程度。但方式三属于限制条件使用的话术，使用前提是联盟中至少有一个终端是在话术中的家居建材商场内经营。

每一种话术都有优劣，并不存在哪个最好，因此销售人员可根据自己的习惯或喜好结合实际情况灵活运用。方法可以选择，但开场话术中的信息内容却要保证完整，一般开场话术中要向顾客传递的信息包括活动时间、地点、主题以及活动的举办单位等。

沟通问答阶段：

方式一：顾客答："不装修，没需要！"导购员随即挂断电话。

方式二：顾客答："已经装修好了。"导购员随即挂断电话。

方式三：顾客问："你是卖什么的？"导购员继续重复一遍话术。

方式四：顾客问："什么时间？""在什么地方？"导购员交代时间地点。

沟通问答阶段案例点评

类似方式一和方式二这种顾客回复，销售人员可以立即判断出顾客当前阶段没有产品需求，转而快速挂掉电话。排除顾客先挂断电话的情况，销售人员大可不必这么着急，完全可以借着这个机会为你自己和你所服务的终端插播一次广告。如针对方式一可以这样回复："等你房子装修需要买材料的时候，记得一定要来我们店坐坐，我们是做××产品的，我们店就在××街/××路。"对于顾客关注度较低的家居建材产品来说，同等情况下顾客更愿意找自己熟悉或认识的人来购买产品，这是在为将来做铺垫。

针对方式二可以这样回复："您装得还蛮快的！您有亲戚朋友在装修吗？可以帮我介绍一下吗？"要敢于向顾客寻求帮助，还是有一部分顾客乐于帮忙的。

本例中，方式三的回复可能会降低沟通效率，高效的沟通方式是对信息进行通俗化或直观化的描述。因为通过顾客的提问来判断，很可能顾客只是大体知道了我们打电话的目的，但对于具体细节和我们传递的信息是否对其有价值，顾客还无法确定。一方面可能是我们说话时语速过快，另一方面可能是顾客从未参与过类似的促销活动或接受过电话销售的推广。

我们可以通过放慢语速和暴露产品品类的方式来实现沟通内容的通俗化。如可以这样回答："我们是做建材的，家里装修用的瓷砖、卫浴、地板、油漆、橱柜、木门……"

沟通内容通俗化之后，顾客很快就可以判断出我们传递的信息是否对其有价值，如果顾客继续追问，就可以导入活动内容了。

方式四说明顾客有需求，我们应直接导入活动内容介绍，不应该只是机械地回复顾客所提出的相关问题。

活动内容介绍阶段

"活动时间是×月×日，活动地点就在××酒店/××广场等，我们这次活动在××市/县算是最大的一次建材促销活动，而且参与品牌也非常多，××地板、××吊顶、××电器、××卫浴、××衣柜、××瓷砖。基本上您家里装修能用到的材料都有，而且这次促销活动参与的都是全国性的知名品牌。厂家特别重视这次活动，像××瓷砖这次厂家提供的特价砖才 18 元每片，可以说优惠力度非常大。活动当天下单的顾客还可以参与抽奖，奖品很丰厚，洗衣机、32 寸品牌液晶电视……即便不下单也可以免费领礼品。"

活动内容介绍阶段案例点评

本例中关于活动内容的介绍，时间重复了一遍，地点更加具体，主要目的是加深顾客的印象，毕竟顾客装修期间比较忙，很容易忘事。通过对联盟参与品类的介绍，突出了联盟的“势”，扩大了活动产品对与顾客需求覆盖的范围。借助活动优惠力度渲染，充分调动顾客参与、了解活动的积极性。最后放出大招，以抽奖及奖品设置的介绍把沟通氛围推向高潮……

在活动内容介绍时，既要做到语言简练，也要保证内容结构完整。本例可以起到很好的借鉴和指导作用。

邀请预约阶段

方式一：“是这样的，我们这次活动是各大品牌联合举办的，流程会比较规范，如果您想参加本次活动，需要在活动当天出示我们发送给您的邀请函。刚好，我这边还有几个名额，我感觉您挺有意向的，这样吧，您把您的名字和地址给我报一下，我这边记录一下，一两天之内我会派工作人员把邀请函给您送过去。”

方式二：“放心吧，大哥/大姐，我们这个邀请函是免费的，不收您一分钱，而且给您送上门/我们这个邀请函只要50元，活动当天还可以凭邀请函领一份价值88元的礼品，您也不会亏。再说了，没有邀请函，您无法参加活动，更享受不了厂家最低折扣，还不能参与抽奖。您把名字和地址报一下吧！”

邀请预约阶段案例点评

从活动内容介绍阶段向邀请预约阶段过渡，我们可以通过适当加快语速和拉高音调的方式向顾客暗示，我们的沟通即将结束。因为此时我们与顾客的沟通已经有5分钟左右的时间了，作为初次沟通，顾客多少都会有一些不耐烦的心理。

本例中，方式一在提到邀请函时，应适当作以停顿，观察顾客有何反应，如顾客没有任何疑问，再继续讲下去，如顾客有疑问，可以转而介绍邀请函对顾客的用途和价值。这既有利于掌握沟通的节奏，也有利于提高工作效率。

方式二是针对顾客以各种理由和借口表示不接受邀请函时的应对措施。主要是通过损失法和机会法塑造邀请函的价值。

关于顾客信息征询，很多销售人员认为已经通过电话销售信息名单掌握了顾客的楼牌号信息，就不需要再多此一举，很明显，这是错误的认知。

无论我们是否已经掌握顾客足够详细的信息，我们都应该请求顾客再报送一遍地址及姓名信息。一方面，可以降低顾客的戒备心理。另一方面，可以通过这种方式对顾客参加联盟促销活动的意向程度进行检验。

信息确认阶段

方式一："先生/女士，您好，请问您在哪里接收邀请函比较方便？家里、单位，还有新房都可以，只要您方便我们会尽力配合！"

方式二："您好！请问在什么时间给您送邀请函比较方便？上午还是下午？上午几点到几点/下午几点到几点？"

方式三：与顾客信息确认好之后，快速将信息复述一遍，确保信息的准确性。

信息确认阶段案例点评

方式一实际上是就邀请函的接收地址与顾客进行确认，顾客的邀请函接受地址和新房装修地址可以是一个地址，也可以不是一个地址。这很容易理解，顾客如果白天上班，很显然周一至周五他在单位接收邀请函最方便。因此我们要与顾客进行确认，否则，可能给整个联盟的团队协作带来麻烦。

方式二实际上是就邀请函的准确接收时段与顾客进行确认。这么做可以尽可能避免因顾客工作繁忙和事务缠身无法亲自接收邀请函的情况，进而提高工作质量和效率。

方式三是就顾客相关信息与顾客进行确认，目的是避免因疏忽和信息接收错误带来的信息不准确现象。

本例中销售人员应对方式合理，内容结构严谨，值得肯定。

收尾阶段

方式一："您的预约信息我已经记录好了，一两天之内我会派工作人员将邀请函给您送过去，希望我们的工作人员上门时，您能给予一定的配合，谢谢您对我们的信任，祝您工作生活愉快！"

方式二：将事先编辑好的短信模版（活动文字内容介绍）发送给顾客。

收尾阶段案例点评

方式一收尾中规中矩，方式二通过短信形式再次将活动内容发送给顾客，便于顾客能够更加详细地了解到活动相关内容，同时也是对电话沟通中因为时间关系和工作疏忽导致的信息传递不完整的一种补充。

上文对联盟促销活动背景下的电话销售工作进行了分段阐述，其一是便于大家理解消化，其二也是希望销售人员能对整个电话销售过程有一个宏观的认识和整体把握。如果初期还不能完全驾驭整个电话销售过程，建议可以根据上面的实战案例制作一个电话销售结构大纲，在大纲内简要注明各个阶段的沟通重点，并将其视为电话销售工具包中的一个工具，用来支持电话销售的实践工作。

线上促销

对信息内容及形式要安排合理

线上促销是指依托新媒体、社交软件、电子商务等平台实施的以智能移动终端为主要工具的线上促销活动。这种方式最大的优势是可以突破空间的限制，无论顾客身在何处，只要有充分的需求和意愿，就可以参与活动。其弊端是由于缺乏体验环节，顾客消费心理被影响的幅度非常有限，进而不容易对活动的真实性和优惠力度做出明确判断，最后导致只看不买的情况发生。

由于电子商务平台网站上的品牌店面大部分由厂商开设，且多数目的都是在撑门面和趋势站位，与本书相关性不大，不予讨论。笔者站在行业未来发展角度审视，预判将来新媒体平台可能会与活动促销实现一个有效的融合，或者作为行业活动促销的一种基础支持和火山口，助推行业终端营销模式的升级换代和持续进化。但在现阶段，明显还处在孕育阶段，因此，暂不讨论。

以社交软件为基础的线上促销是最近一两年才兴起的一种促销活动方式。这主要得益于社交软件高速增长的顾客数量和庞大的群众基础，当然，与行业积极进步人士对终端营销模式创新探索的强烈意愿也不无关系。简单地说，线上促销实际上就是对原本的线下促销活动的另一种形式的演绎，其活动主旨、顾客群体、基本流程仍然与原来的线下活动相一致，只是在操作技巧层面存在一定的差别。

以社交软件为基础的线上促销的主要类型有单品牌单店、异业联盟、同品牌跨地区联盟等。无论以上哪种类型的线上促销，其操作路径和方法基本都是一脉相承的，并无太大差别。以社交软件为基础的线上促销是以群组形式开展的，此时的群组自然也就成了线上促销活动的爆破现场。因此，智能终端、社交软件、促销活动类型、群组与人员构成了线上促销活动的基本组成要素。

以社交软件为基础的线上促销，整个流程节点是怎样的？顾客在参与过程中会存在哪些心理和行为？我们应该如何应对？接来下我们一起探讨。

场景：线上活动促销爆破现“场”。

场景类型：同品牌跨地区联盟线上促销。

场景分析：由于缺乏线下活动直观的综合体验，我们无法通过对物质环境的塑造来实现对顾客的积极影响。同样，在线上促销活动场景下，消费者直接接收信息的通道仅剩下视觉和听觉，因此，我们对信息内容及信息形式的安排要科学合理，避免因为方法不当造成的资源浪费和工作低效。

常见应对方式：

方式一：整个促销活动缺乏科学组织与规划，存在较大的随意性和松散性，活动在未充分计划的前提下被引爆。

方式二：机械执行活动流程，工作无重点，方法措施不当。

有效应对方式：

方式一：由经验丰富的人员统筹规划活动全过程，保证工作计划周密，流程严谨，措施与方法得当。

方式二：在活动前对整个流程进行实战预演，检查工作人员对整个活动流程的认识程度和不同角色的工作胜任能力，及时发现并改进问题。

场景模拟

实战背景：某品牌墙布全省联动线上促销活动现场。

人员构成：厂商代表+终端销售人员+意向顾客。

背景引申：某品牌墙布定于7月23日晚17:00—21:00举办一场全省联动线上促销活动，经过前期积极筹备，现在活动正式开始……

预热阶段

实况一：所有参与本次活动的终端销售人员都在为积极拉动意向顾

客进入活动爆破群做最后努力，活动群组内人数不断攀升。

实况二：主持人宣布活动开始并引荐厂商代表，厂商代表发布本次活动的主题、个人介绍、企业简介、品牌资质及荣誉介绍。以上信息内容选择图片+语音的形式发送。信息内容形式由95%的图片+5%的语音构成。

实况三：厂商代表分析行业现状，阐述作为顾客面对琳琅满目的商品应如何正确选择墙布产品，如何分辨产品的优劣，并给出了自身产品与市场其他同类产品进行对比的实际效果。对劣质产品使用危害（负面案例）进行了深入解读，对自身产品的优势、卖点及对顾客使用安全的保障进行全面细致的介绍。以上信息内容选择视频+图片+语音+文字的形式发送。各形式占比分别为：视频5%，图片75%，语音5%，文字15%。

预热阶段案例点评

实况一属于组群工作的收尾阶段，因为群组是线上促销活动开展的基本要素。越是这种组群工作收尾阶段，频繁的顾客进群动态越能对群组内的气氛产生一定的积极影响，为顾客的心理制造一种紧迫感。因此，我们在终端实际操作过程中，对组群过程和进度要适当给予调控，力争将整个组群过程对顾客的影响发挥到最佳状态。

那么具体该如何操作呢？我们可以将组群过程分为两个阶段。第一阶段先将参与活动顾客总数的80%集中拉入活动群组内，第二阶段将余下的20%在活动开始后预热阶段集中拉入活动群组，通过余下这20%的顾客集中入群的动态过程，对已经处于群组内的80%的顾客施加影响。第一阶段与第二阶段的时间区隔不必做硬性规定，可根据实际情况定夺，但必须保证群内氛围至少有5~8分钟的平静期，以形成与第二阶段顾客集中入群动态的强烈对比。

实况二中无论是信息内容还是信息形式的选择都是比较合理的。线上促销活动顾客主要通过视觉获取信息，而同等情况下，图片信息比文字信息更容易被顾客接受。因此，活动实施者在考虑信息内容的传播形式时，选择了高比例的图片形式，而不是文字。

在实况三中，活动实施者采取了同类产品对比的方式来说明产品的选择和鉴别方法，这种方式既可以突出自身品牌的产品卖点和附加值，也能够塑造信息内容本身的客观性，还可以对消费者只关注价格不关注质量的盲目购买行为起到一定的警示和教育意义，有非常高的借鉴价值。实际上这种同类产品对比方法在终端销售过程中已经非常普遍，只是当我们的促销活动方式由线下转移到线上时，很多活动实施者忽略了这个环节，显然，本例中的活动实施者对这种方法进行了恰到好处的转化。

在信息传播形式方面，实况三选择了多种形式相互组合的策略，并且仍然是以图片作为信息传播的主要形式，这也是值得肯定的。

从整个预热阶段活动实施者的表现来看，可以说是准备工作充分，流程设计合理。但仍然有个别细节未引起活动实施者足够的重视。如没有要求进群顾客更改自己在群组内的昵称。为什么要更改昵称？假设现在有两个活动群组，一个活动群组内的群成员昵称是由70%“××小区××号顾客”这样标准的昵称组成，另一个活动群组内的群成员昵称则是与自己原来的社交软件昵称相一致，不做任何更改。现在让你做出对比判定，你更愿意相信哪个活动群组内的成员身份具备真实性和有效性，显然，我们更愿意相信前者。

正确做法就是活动实施者要不断提示进群顾客修改自己的昵称并给出标准群内昵称格式。不可能所有顾客都会配合修改，但哪怕只有10%的顾客修改了自己的昵称，也总好过没有修改。

点火阶段

实况一：销售人员在活动群内唱单："恭喜××市××小区顾客××签单××品牌，成功锁定今晚的活动政策和优惠，还没下单的顾客抓紧时间，赶快下单吧！"唱单完毕后销售人员将订单顾客成功转账的截图发送到活动群内，也就是晒单。

实况二：个别顾客询问某种产品的价格何时公布。

实况三：厂商代表发红包并公布促销活动优惠政策。活动政策内容以短信文字形式发布。

实况四：陆续有销售人员开始唱单和晒单。

点火阶段案例点评

实况一的点火安排最多不能超过两例，因为这是反人性的。活动政策还没出来，就急着下单，这是不合乎逻辑和常理的。即便有超过两例以上顾客已经在活动政策公布前下单，活动实施者也不要急于唱单和晒单，可以把这个动作放到后面去做。本例中仅有一例，符合常理，但销售人员的唱单话术极不专业，最后一句"还没下单的顾客抓紧时间，赶快下单吧！"明显多余，可以删去或替换成"感谢您对我们的信任和支持！"在活动政策还没公布之前，就催促顾客下单，这明显就是一种急功近利的心理，敏感的顾客可能会有所察觉，广大一线销售人员一定要引以为戒。

实况二对于某种产品价格的关注实际上就是对活动政策的关注，原则上询问关注的人越多，氛围紧迫感越强，越容易引起顾客的注意。但此类行为一般都是偶发性的顾客行为，不在我们主观控制范围内，顺其自然即可，没必要过于强求。

在实况三中，厂商代表发红包之前，很可能已经发过红包，比如预热初始阶段。但作为厂商代表来讲，红包不是越多越好，保证每个大的阶段能有一个红包即可。本例中，厂商代表活动政策内容的发布形式有很大的拓展空间。第一，直接用标准 A4 纸打印活动政策内容并加盖企业公章或财务专用章，拍成照片后以图片形式替换原来的活动政策发布形式。第二，将第一种活动政策发布方式与原来的活动政策发布形式两相结合，即把原来的短信文字形式内容看作对活动政策文件的具体分类解释。这样可以在一定程度上增加活动政策的规范性、权威性和可信性。

实况四实际上是点火阶段和燃烧阶段的一个过渡和转折，只要意向顾客群体规模有保障，一切都会变得水到渠成，无须过多的人为干预。

燃烧阶段

实况一：厂商代表不断重复发送活动政策内容，说明企业对本次线上促销活动的重视力度并作出全年保价承诺。

实况二：主持人不断重复活动优惠力度并交代下单流程，同时，不断更新播报已定单顾客的总户数。

实况三：各终端销售人员不断重复唱单和晒单。

燃烧阶段案例点评

实况一中厂商代表不断重复前面已经发布的信息，一方面是为了避免由于部分顾客没有及时关注到重要信息而对活动政策内容缺乏足够的了解，另一方面也是为了规避因群组内的信息快速被覆盖造成的顾客接收活动相关信息不完整的风险。做出全年保价承诺的目的是强化顾客将本例中的活动视为“消费机会”的认知。

实况二中主持人的行为目的和实况一与实况三有异曲同工之妙，彼此相互助推，有利于气氛的维持和攀升。

实况三中销售人员的行为对于已经看过前面章节的读者来说并不陌生，这是调动其他未成交顾客下单积极性最好的方式，也是激发群组内其他顾客从众行为的有效手段，同时对群组内顾客间的从众行为泛化也能起到一定的助推作用。

熄火阶段

实况一：主持人不断重复提醒活动结束时间，催促顾客下单。

实况二：厂商代表不断重复活动力度，提醒活动剩余时间。

实况三：由厂商代表发表答谢语，由活动主持人宣布活动结束并解散活动群组。

熄火阶段案例点评

实况一和实况二的目的基本是一致的，都是在塑造紧迫感，或从正面强化顾客可能获得的优惠和利益，或从反面强化顾客可能失去的机会，双管齐下，通过影响和刺激顾客趋利避害的心理来激发顾客做出购买行为。

实况三由厂商代表发表答谢语，再由主持人宣布活动结束并解散群组是一种比较合理的流程安排。切不可抱着“活动已经结束，无须顾虑小节”的心态，一个适宜的收尾可以让已订单甚至未签订单的顾客留下一个好的印象，便于后续工作的开展。

通过本例场景模拟我们可以认识到，要想取得线上促销活动的预期成果，不但需要经验丰富的工作人员来统筹规划活动的全过程，还需要在活动引爆前做好充分的准备，如活动所需的相关素材的整理和筛选，这既是基础性工作，也是工作量比较大的工作，通常需要厂商人员与终端销售人员合力完成。

还有活动整体流程的设计，包括活动阶段划分，不同阶段的工作重点定义等，都需要我们在活动前做出具体的策划和部署。在经验不充分或从未有过线上活动经验的状况下，最好根据提前设计好的活动流程进行实战预演，这是降低执行风险最好的方法，千万不要因为怕麻烦或追求速成而放弃获得理想战果的机会。

第十二章 安装与验收中的顾客心理及应对方式

产品的安装施工在家居建材行业内是一个普遍存在的解决方案组成要素，甚至在部分品类的解决方案中，其重要性要大于产品本身。行业内有句流传甚广的话叫“三分质量，七分安装”，这是对产品安装与施工重要性最好的诠释。很多品类即便个别产品有点小瑕疵，如果遇到资深的产品安装与施工人员，也会被成功化解。相反，即便产品出厂质量完全合格，但由于产品的安装与施工人员不专业或缺乏经验，也很可能产生各种各样的售后问题。

产品的安装与施工既决定了销售尾款结清比例和时效，也决定了顾客对品牌和服务的认可，与顾客的满意度呈高度正相关关系。顾客如果满意，他会乐于帮我们介绍其他顾客，对销售人员而言，这是成就感和物质回报一举两得的事情。有做过转介绍顾客单子的销售人员都会有一个非常明显的感受，那就是签单太容易了。前面章节讲到的技巧和方法多数都是派不上用场的，因为顾客是带着信任来的，甚至没来之前就已经做好了找你购买产品的心理准备。

如果顾客不满意会怎样呢？他会到处诋毁你，告诉他身边的人要远离你的终端以及与你终端直接相关的人、事、物。这个道理大多数人都懂，因为太过浅显直白，但是大多数人不会带着这些道理去指导实际工作，原因是不知道利有几何，弊有几何。

多数情况下我们的终端经营长期处于混沌中，由于我们出色的服务带来了顾客的高满意度，顾客转介绍给身边有同样需求的人并成功购买我们的产品，这类顾客贡献的销售业绩占据年度终端销售额的比重有多少？由于我们的服务不够，潜在顾客受低满意度顾客的影响转而购买我们竞争品牌的产品，预计这类顾客可能产生的销售业绩占据年度销售额的比重是多少？第一个问题很少有终端能够明确回答，最多知道一个大概。第二个问题基本都是不知道，甚至很少有人会去关注这么一个看似无厘头的问题。

多数终端只将顾客转介绍视为顾客高满意度价值转化的体现，但除此之外，高满意度还可以有效避免潜在顾客的流失，就终端经营成果贡献而言，顾客的高满意度兼具助益和补漏的双重作用。因此，我们对产品的安装与施工要引起足够的重视，毕竟，重视产品的安装与施工实际上也就等同于重视顾客的满意度。

接下来，我们就产品安装与施工环节应该怎样顺应顾客心理，充分满足顾客普遍性需求，以达到顾客高满意度的目的，做一一阐述。

安装施工进度

交付逾期怎么办

场景：因各种原因导致产品交付逾期。

场景分析：类似产品交付逾期这类事件在行业内已经是司空见惯，尤其在年底产品集中交付期间和以非标定制为主的产品品类中，出现这种状况的概率更高。如果细数，原因很多，如厂商生产排期拥挤、厂商上游供应链的连锁影响、物流运输等。总之，大部分原因都是客观存在并且不以我们的主观意志为转移的，但“锅”总要有人来背，多数情况下这个背“锅”的任务基本都落在了我们一线销售人员身上。但这还不是最可怕的，最可怕的是在背“锅”的同时，“节操”有可能也保不住，跟顾客承诺的到货日期一而再，再而三地在厂商“极力配合”下被证实为只是“谣言”，然后就是被疯狂打脸，最后就是在面对顾客时挣扎着将尴尬进行到底。

我们在同情销售人员的同时，也要站在顾客的角度进行思考。搬家日期已定，因为某个产品的安装施工影响下一道工序的进展甚至是影响整个项目进度，这些也都是客观存在的。如果这些都能忍，销售人员一次又一次的说话不算数，是顾客最不能容忍的，因为这种行为有让顾客怀疑自己智商是否余额不足的冲动。

如果形象一点来描述这个场景就是，制造事端的安然无恙，一个背锅人和一个等米下锅的人在互相伤害，放眼望去，满地都是委屈。

常见应对方式：

方式一：将厂商反馈的预计或承诺到货日期不假思索地告诉顾客，只起到了一个信息传递和中介的作用。

方式二：尽量逃避，被顾客追着跑。

有效应对方式：

方式一：在没有可靠信息（在途物流时态）支持的情况下，从不跟顾客说明具体到货日期，即便厂商做出保证和承诺。

方式二：化被动为主动，积极主动地与顾客保持沟通。

场景模拟

实战背景：产品逾期交付沟通过程。

人员构成：顾客+销售人员。

背景引申：某品牌全屋定制专卖店与顾客王女士约定12月13日之前完成产品安装，但已经到了12月12日，顾客依然没有收到该终端上门安装产品的协助请求，顾客决定打个电话问一问……

顾客：“你们不是说好12月13日之前可以把家里柜子安装好吗？今天都12号了，你们怎么还没派人来安装啊？”

销售人员：“实在抱歉，王姐，是这样的，因为年底一般厂家都比较忙，所以可能会导致原计划的交货日期有些延迟，我们这边已经在催工厂了，只要货一到，我立即帮您安排安装！”

顾客：“那还得多长时间？”

销售人员：“这个我还真不好说，您也知道，厂家什么时候能把货发出来不是我们能说得准的，不过我可以帮您问一下。”

顾客：“好！那你帮我问下，然后回个电话给我！”

销售人员：“好，王姐，我马上帮您问，问好了回电话给你！”

两个小时之后……

销售人员：“您好，王姐，我帮您问过了，厂家这边给我的回复是您的产品预计在下周能出货，厂家这边过来物流一般在3天左右，那么最快也得10天左右能到货，货到了我马上安排帮您安装！”

顾客：“那行吧！这次可不能再耽误了！”

销售人员：“一般是不会的，王姐！”

9天后……

顾客：“货到了吗？啥时帮我安装啊？”

销售人员：“实在不好意思，王姐，因为××原因，您的货还没到，不过我们已经在催了！真的很抱歉！”

顾客：“又没到？上次你不是说10天左右吗？你们说话到底靠不靠谱啊？”

销售人员：“真的不好意思，王姐！您也知道，这货都是厂家生产出来的，我们也没办法！你放心，我们会尽量帮您催的！”

顾客：“货现在在哪里？还没发出吗？”

销售人员：“是的，还没发出来！”

顾客：“那就是还没生产，是吧？”

销售人员：“这个我还真不好说。”

顾客：“这样，你再打电话问问你们厂家，我的货啥时能发出来，给我个准确时间！”

销售人员："行，王姐您稍等，一会儿我再与工厂确认一下，确认好之后马上回电话给您。"

一个小时之后……

销售人员："王姐您好！我刚才帮您问过了，您的货在12月底前肯定能发出来，算上物流的时间1月5日之前到货应该没问题。"

顾客："你确定吗？"

销售人员："我确定！"

15天之后……

顾客："我的货在哪里？你不说1月5日之前没问题吗？"

片刻尴尬……

销售人员："实在抱歉，王姐！本来……"

顾客："不要再说了，我不要再相信你们，你们没有一句准话，明天去你们门店，你把单子给我退了，你们的货我不要了！"

销售人员："王姐，王姐……喂……"

嘟……嘟……嘟……

实战点评

从本例中可以看出，销售人员在面对产品延迟交付这样的事件时，缺乏一定的应对经验和措施，特别是在与顾客的沟通方面，明显有更大的提升空间。

第一，三次延迟交付，都是由顾客主动打电话询问事件进度，销售人员只是被动地响应，这样导致的结果就是始终处于被动状态。这种状况在终端非常普遍，我们也能理解销售人员的真实想法，毕竟理亏的是己方，不好意思开口。但不好意思开口不能解决问题，该开口时必然还是要开口。你不给顾客打电话，顾客还是要打电话给你的。

正确做法是化被动为主动，在约定交付时间的前两三天，主动打电话给顾客，告知事件进展，表示歉意。虽然这么做也不能保证顾客可以接受这个现实和结果，但至少能证明我们是在积极地面对问题，我们的工作态度能够得以保全。当我们主动时，我们的行为叫服务，如果是被动呢？那就是不是服务，而是义务了。

第二，当产品出现第一次延迟后，每一次的电话沟通，销售人员都给出了明确的时间范围，这个明确的时间范围自然也就成了顾客的期待。或者是双方的口头约定。一旦没有兑现，顾客对我们的信任和前期积累起来的好感就会损失一部分，当信任和好感完全被透支之后，矛盾被激化，一旦矛盾激化，若再想修复客情关系，就万分艰难。正确的做法是我们不要给出明确的时间范围，不作出任何时间承诺，即便厂家给我们作出了保证和承诺。

那么假设顾客一定要追根究底，必须给出产品交付时间怎么办？在厂家给出的出货时间的基础之上第一次延长 55%，第二次延长 35%，第三次延长 10%。如第一次延迟交付厂家给出的出货时间是延迟 10 天，反馈给顾客的时间范围就是 16 天，以此类推。这么做的最大好处就是可以降低承诺不兑现出现的概率和绝对次数，通常顾客对我们的信任和好感透支主要依据是违约次数，而不是每次产品延迟交付的时长，这个大家要有所理解。当然，每次的等待时长也并非不重要，只是相对于违约次数而言，违约次数更容易消耗顾客对我们的信任。

三次自主延长时间的比例不同，主要考虑的是顾客的耐心处在不断衰减的过程中。第一次最有耐心，第二次耐心损失大半，第三次几近透支。当然，我们也要相信，在一个顾客身上，连续出现三次违约的厂商会越来越少，否则，任谁也扛不住。

如果有读者问，不对，为什么以前我服务的一个顾客，第一次就大发雷霆，几乎没有看到什么耐心？这种情况有三种可能：第一，这个顾客的购买决策是在很勉强或条件不是很充分的状态下做出的。第二，这个顾客本身的性格脾气比较急躁。第三，这个顾客非常不幸，他所购买的其他产品在此之前也出现了类似的延迟交付事件，他的耐心已经被消耗殆尽。由此，具体情况还要具体分析，本书只能关注到大多数，极端个案无法面面俱到。

安装过程管理

销售人员与顾客进行施工信息实时共享

场景：产品安装与施工过程。

场景分析：产品安装与施工过程按理说是技术施工人员的工作，与销售人员关联性不大，销售人员最多也就是起到沟通与协调的作用。但这是我们的常规思维和惯性心理使然，事实真的是这样吗？每一个顾客都有自己的工作和事业，一般情况下产品的安装施工过程大多数顾客都是没有时间参与其中的，而且由于施工现场恶劣的环境，即便有时间，大多数顾客也不愿意长时间驻扎在施工现场。

顾客没有时间或不愿意参与产品安装与施工过程，不代表其内心没有监督和了解产品安装与施工过程的诉求。相反，将这种诉求描述成一种普遍性的诉求也不过分，毕竟，多数家居建材产品都是高价值产品，预期使用时间也比较久，而且施工过程是否会对已经完工的现场造成影响或破坏，也会成为顾客的一种隐忧。只是顾客自己也知道，这种角色一般人无法替代，因此，该诉求也只能成为一种隐性诉求。

常见应对方式：

方式一：销售人员在整个产品安装与施工过程中仅扮演协调者的角色，保证施工技术人员正常完成产品安装与施工即可。

方式二：销售人员会按照终端工作流程要求，在产品安装与施工开始前到施工现场例行看一下，与施工技术人员就方案的理解程度进行确认。

有效应对方式：

销售人员对整个产品安装与施工过程进行流程管理和过程介入，并与顾客进行有关产品安装与施工信息的实时共享。

场景模拟

实战背景：顾客新房施工现场。

人员构成：销售人员+施工人员+顾客。

背景引申：顾客崔先生新房装修，此刻正准备安装衣柜，由于自己公务繁忙，无暇顾及。妻子也忙着打理自己的生意，只是早上过来把钥匙交给销售人员后就匆匆离开了……

施工前

销售人员与产品安装施工人员共同对产品使用环境进行了确认，同时确认的还有现场物资种类与数量，产品安装施工方案。

销售人员将已经拆包的产品拍摄图片若干，对施工现场局部拍摄图片若干，施工现场全貌拍摄小视频一个，产品安装施工人员图片拍摄一张。将上述图片与视频筛选优化后，销售人员通过社交软件在第一时间发送给了顾客崔先生，最后附上一段短信，文字内容如下：

“崔先生您好，我是××衣柜专卖店的××，再次感谢您选择了我们××品牌的产品，能够为您提供××整体解决方案，是我们的荣幸。我知道您和您的爱人都比较忙，没有时间来现场查看和检验我们过硬的产品质量和服务。为了保证您的满意度，由我来替您担当本次产品安装与施工过程的督察官，请您放心，我一定严格要求，不辱使命。施工现场我已经与我们资深的产品安装技师检查完毕，条件具备，可以施工，我已经替您下达了开始施工的指令，现在，我们的产品安装技师已经开始施工了，后续报道，敬请期待……”

施工前实战点评

从销售人员的表现来看，说明该销售人员所在的终端比较重视顾客满意度，并且工作流程规范严谨，专业化服务形象一览无遗。虽然综合表现已经非常不错，但仍然具备优化提升空间。

如可以为产品安装技师录播一段开工前的宣誓视频，台词如下：“崔先生您好！我是您购买的××衣柜产品安装施工负责人×××，很荣幸今天来到贵府为您现场施工，请您放心，无论您在与不在现场，我们都会秉持工匠精神和全心全意服务好每一位顾客的服务理念，完成我的神圣使命！”

相信顾客在看到上述内容的时候，其心灵会为之一颤。

施工中

销售人员二次来到施工现场，这时产品已经完成了部分安装，销售人员拍摄现场小视频一个，局部图片若干，细节图片若干。经整理和优化后在第一时间将图片和视频发送给了顾客崔先生。并附上短信一段，文字内容如下：

“崔先生您好！我又到您家来执行巡查任务了！托您的福，产品安装施工进展很顺利，已经安装完成的产品实际效果也符合预期。我们的产品安装技师技术如何，相信您在看了上面的实景效果图后一定会有所判断。我们这行一般评价技术好不好都是说‘好不好，看边角’。为了保证不给您的新家带来二次污染，我们安装技师特意选择了无尘切割设备。为了给您节省材料，我们的安装技师特意……汇报完毕，敬请关注后续报道！”

施工中实战点评

销售人员在施工的中间阶段再次来到顾客施工现场，表明自己确实是在替顾客担当“督察官”这一角色，证明自己前面所说绝非虚言，也是对自身服务态度的最好诠释。并且针对安装技师的服务细节，做了全面的呈现和展示，一方面让顾客做到心中有数，另一方面也为自己所服务的终端品牌形象赋予了加分项。与此同时，对安装技师如何为顾客着想的服务附加值部分做了补充说明，可谓难能可贵。

施工后

销售人员在产品安装完成后，再次来到安装现场。拍摄全景小视频一个，局部照片若干，细节照片若干。经整理和优化后第一时间将图片和视频发送给了顾客崔先生。并附上短信一段，文字内容如下：

“崔先生您好，您家的衣柜已经安装完毕，相信实际效果图片您也已经看到了，实际效果比预想中要漂亮很多，这还得感谢我们资深安装技师的努力付出。很荣幸能替您担当此次‘督察官’的角色，但愿您对我的表现能够满意。我们的安装技师在离场前，已经对产品安装过程中产生的垃圾做了全面清理，保证不给您留下一粒垃圾，这是我们的服务标准。现在就等您回来验收了，您出差回来后记得要第一时间联系我，以便早日完成产品验收工作，谢谢！”

施工后实战点评

本例中，销售人员通过肯定产品安装效果、夸赞安装技师技术水平、拿自己打趣、塑造终端品牌服务形象、为下一阶段工作铺垫和准备五个维度的沟通内容设计，来实现与顾客的高效沟通，值得借鉴。但其中的拿自己打趣这个维度的内容可有可无，读者在实际操作过程中可根据实际情况灵活运用。

本例给出的实战背景是顾客在出差，妻子忙于打理自己的生意，装修的事情概不参与。那么现实情境中，如果顾客没有出差，夫妻二人均有参与装修事务，但白天都忙着上班，是否仍然可以采取安装与施工过程的介入这种方式来满足顾客的隐性诉求以提高顾客的满意度呢？当然可以，如果是这种情况，销售人员适当做一些变通即可。

比如对话术做一些优化，如果顾客每天都有到施工现场，可省却图片和视频内容。即便顾客全程参与产品安装施工过程，销售人员也应该保持至少2次（施工前、施工后各1次）的参与和介入，以表明对顾客的重视，保证产品安装技师准确无误地理解解决方案。不过最后一次可以和方案验收工作合并完成。

由此，我们可以看出，原本看似与销售人员关联度不是很大的产品安装施工流程，在对顾客可能存在的心理进行充分分析后，顾客的隐性诉求得以暴露，在这种情形下，产品安装施工流程与销售人员的关联度就不能说不大了。

可见，对顾客需求的洞察深度，决定了我们对终端销售与服务理念认识的高度，这种对终端销售与服务理念认识的高度又进一步决定了我们在实现顾客高满意度方面的效度，最后，高满意度转化为推动终端与销售人员个人业绩增长的有力武器。当这个良性的循环过程充分运转时，就会成为终端的核心竞争力。

这种销售人员通过充分参与产品安装与施工过程来提高顾客满意度的策略，在行业终端还处在不被重视或未被充分开发的阶段，各位读者在知悉后应根据本部分模拟实战内容结合自身产品特点快速落地，争取走在竞争对手前面，相信只要你掌握要领，方法得当，一定会收获到超过你预期的回报。

方案验收

验收未通过怎么办

在有安装与施工过程管理的情况下，方案验收可以和安装与施工过程管理的最后一个环节同步执行，也可以分开执行，这主要取决于产品品类特征及顾客是否全面参与了产品安装与施工过程管理两个因素。如瓷砖、木地板、窗帘、集成吊顶等这类产品，在顾客全程参与施工过程的情况下可以与施工过程管理的最后一个环节合并执行，而类似全屋定制（各类柜子）、家具、楼梯、门等这类产品，最好分开执行，这样便于销售人员与安装技师共同完成解决方案自检，有效避免因己方疏忽导致的顾客不愉悦或矛盾纠纷的潜在风险。

若顾客因为各种原因未参与产品安装与施工过程，则不计产品类型，方案验收都应和产品安装与施工流程分开执行。一方面，两个流程的耦合缺乏时间要素；另一方面，产品安装与施工流程模块有较高的时效性，我们不能因为图省事而人为地去耦合产品安装与施工和方案验收这两个模块，这样会导致我们对顾客的信息反馈延迟，影响顾客对我们工作效率和态度的评价。

方案验收过程中出现的问题，主要有以下特征：第一，多数问题都是终端运营流程不规范或流程规范但执行不彻底造成的。第二，多数问题都是人为的。第三，就问题严重程度而言，多数都是小问题。第四，多数问题都是可以通过前置人为干预被解决的。第五，多数顾客都有将小“事”变成大事的冲动和倾向。

在方案验收环节可能存在哪些风险？这些风险对顾客心理与行为将会产生怎样的影响？我们应该如何应对呢？接下来本书将予以充分分析和阐述。

方案验收过程中的潜在风险及可能对顾客心理与行为产生的影响

场景：方案验收现场。

场景分析：在方案验收现场，我们经常能看到这样的状况，顾客对产品的检视和观察细致入微得有些让人毛骨悚然。这种现象的普遍存在源于顾客对自身方案验收能力的不自信以及对因主动权转移可能带来风险的顾虑，日常生活中在做出购买决策前挑挑拣拣的行为惯性在一定程度上也会促使顾客做出这样的举动，毕竟，一旦验收通过，也就意味着销售过程的结束，产品所有权的转移。方案验收是顾客认为的将购买决策风险降到最低的最后机会，必然会审慎面对。

常见应对方式：

方式一：终端运营流程不规范，没有设计产品安装与施工管理介入流程，或流程执行不彻底，销售人员根据主观判断灵活变通或选择性执行流程。

方式二：发生问题后，不能站在顾客角度考虑问题，缺乏必要的应对措施。

有效应对方式：

方式一：保证终端运营流程的标准化和规范化，给予销售人员一定的流程执行灵活性，但凡是因为没有按照标准流程执行所产生的风险和损失，由销售人员自行承担责任。

方式二：方案验收前，销售人员准备好充分应对可能发生问题的措施。

场景模拟

实战背景：顾客刘女士室内实木门（封闭式烤漆）解决方案验收现场。

人员构成：销售人员+顾客+产品安装技师。

背景引申：顾客刘女士正在装修的新房木门产品安装施工已经完

成，销售人员因为一直忙于终端的促销活动，还未来得及执行终端规定的产品安装与施工完成后的解决方案自检环节，就被顾客要求一同参与解决方案的验收，距离产品安装与施工完成仅隔了1天。

由于终端经营的木门品牌是国内知名品牌，此前的解决方案验收都比较顺利，没有出现什么问题，销售人员也并没有多想，可是，就在销售人员赶往方案验收现场的路上，顾客刘女士便打来了电话……

销售人员："您好！刘姐！您到了吧？"

顾客："你还要多久能到？"

销售人员："我已经在路上了，估计还有10分钟就能到，您等我一下，刘姐！"

顾客："好！等你到了再说！"

放下电话后，销售人员似乎隐隐感觉到顾客有些不高兴。10分钟后销售人员到达解决方案验收现场。

顾客："来，你过来看看这是怎么回事！这块儿，还有这块儿！"

销售人员："哦，这……"

顾客："还有这里，你自己看看吧！"

销售人员："这有可能是物流运输过程中造成的刮擦，不然就是工人在搬运的时候不小心划到了，不好意思，刘姐，不过这些不会影响使用和美观的！不仔细看，看不出来的！"

顾客："不影响？说得轻巧，可倒不是你自己家的！好，就算这个不影响，刚才你看到的这两块儿掉漆的地方你怎么说？"

销售人员："哦，这……"

顾客："当时推销的时候把自己说得天花乱坠，还什么十大品牌又是一线品牌，品牌就这质量？现在你说吧，怎么办？"

销售人员："您先不要生气，刘姐！出现的这样的事情谁也不愿意，我给安装技师打个电话，看看他现在有没有时间，如果有时间的话，叫他过来看一下。”

一分钟之后。

销售人员：“喂，是李师傅吧？我是××木门的××，你现在忙吗？前天安装的××小区这边的门你还记得吧？顾客家里的门框线有两小块儿好像是被磕到了，掉漆了，你要不要过来看一下？”

两分钟之后。

销售人员：“不好意思，刘姐！我们的安装技师现在手头正在忙，我跟他说过了，他说中午吃过饭找个时间过来看下，等安装技师看过之后，我们再商量看下怎么处理，您看这样可以吗？”

顾客：“我不管，你们看着办！反正货款我还没有完全付清。搞得好，怎么都好说，搞不好，剩下的钱你们也别想拿！”

实战点评

本例中，因为销售人员没有严格执行终端标准化流程，导致给自己和终端带来了麻烦，同时，也伤害了顾客的感情。可见，在终端实务操作过程中，我们对工作事务的轻重缓急一定要有一个清醒的认识，不能心存侥幸，要时时刻刻保持防患于未然的心理。

烤漆木门、实木楼梯、原木护墙板等产品最容易发生和本例中一样的事件，其中尤以封闭式面漆和深色系颜色类别的产品最为脆弱。封闭式面漆多为烤漆工艺，质地较脆，遇到外力磕碰和撞击，很容易崩漆。深色系产品主要是对轻微刮擦造成的细微划痕有很强的凸显效果，放在浅色产品上根本看出不来的细微划痕，到了深色系产品上就变得特别明显。

烤漆类产品从厂家打包入库到物流运输再到施工现场，往往要经历数次搬运，从业人员职业素养高低不一、运输及搬运设备质量参差不齐、路况错综复杂，每一个相关方面都有可能对产品质量造成影响，产品质量不可控的潜在风险很高。如本例中产品出现的掉漆和划痕问题，工厂、物流公司、为销售木门的终端提供搬运服务的送货人员以及产品的安装施工技师都有可能成为问题的制造者，那要如何确认到底是谁的责任呢？这似乎是个难题，因为事实确实没那么容易判定。大部分情况下还得依靠终端自行解决。

正因如此，为了降低风险终端必须要采取措施，通过流程的设计和标准化的执行来降低可能存在的风险。如本例，假设销售人员认为这件事比活动促销还重要，在产品安装施工完成后的第一时间完成解决方案的自检，那么我们有理由相信终端技术人员一定可以通过技术干预，把问题在方案验收前解决掉，比如通过补漆、打蜡这些手段来解决本例中的问题。

可能有的读者会说，假如顾客 1 天时间都不给，产品安装施工完成后的第二天就要求验收怎么办？毕竟，顾客选择在什么时间验收不是我们能掌控的。这就涉及我们的流程设计是否合理的问题。产品安装施工完成后的第一时间完成解决方案自检，这样的流程设置是合理的，在条件具备的情况下，销售人员甚至应该在产品安装施工技师离场前与其共同完成方案的自检，这是最保险的处理方式。

无论如何，方案自检这件事一定要走到顾客前面，不能走在顾客后面。简单地说，这件事越早办越主动，越拖拉越被动。放眼家居建材行业终端营销价值链的各个环节，唯独这个环节对时效性要求最高。

简单总结一下，烤漆类家居建材产品非生产因素导致的产品质量潜在风险很高，为了规避风险，应设置标准流程，销售人员应充分认识到流程的价值并坚定不移地按照相关标准和规定执行。

再来看看本例中销售人员对已发生问题的应对措施。

首先，销售人员没有充分站在顾客的角度考虑问题，认为一点儿轻微的划痕无伤大雅，不排除顾客有矫情和夸大之嫌。但即便事实如此，销售人员也不应该说出来。正确做法是销售人员应放低自己的姿态，极力表示歉意，这么做虽然也解决不了实质问题，但至少不会激化顾客的负面情绪。如本例中销售人员的说法，很有可能让顾客本来就不好的心情变得更糟，进而给问题的最终解决带来更大的阻力。可见，理解顾客的心理对销售人员避免犯常识性错误能起到关键作用。

其次，销售人员不应给产品安装技师打电话。上面已经分析过，问题可能是由于多种原因造成的，没有哪个产品安装技师会愿意站出来背这个很难确定责任归属的黑“锅”。况且，打过电话之后，技师如果不能在承诺时间内到场，还会让顾客误认为对她的问题不够重视，服务处理不及时。即便安装技师能够及时到达现场，对问题的处理也于事无补。

再引申一下，如本例中技师说好中午吃过饭过来，而实际上因为工作忙碌忘记或其他原因在约定时间未能到场，这在现实中是很有可能发生的状况，岂不是会让顾客更加愤慨，进而深化顾客对产品、品牌与服务的质疑。

正确做法是将现场出现质量问题的产品局部拍摄几张清晰的照片，带回终端。及时寻求有售后服务经验的同事、领导及终端经营者的帮助，团队一起共同探讨有针对性的解决方案。在设有专职售后服务人员的终端，应该及时将相关情况反馈给售后人员，由售后人员来主导整个事件的处理，销售人员给予适当配合即可。

最后，销售人员在面对顾客的愤怒和质疑时，没有给予适当的安抚。无论顾客是吼是叫，最后都要回到解决问题这个焦点上来，这既是整个事件的归属也是问题的核心。销售人员可以针对问题处理作出明确表态和承诺，如可以这样说：“实在抱歉，刘姐！发生这样的事，真的不应该，这说明我们的工作做得不到位，服务没做好，在今后的工作中我们一定会努力改进。不过请您放心，我们是品牌化经营，是我们的责任，我们绝不推卸，一定会负责到底，您这个问题我一定会帮您处理好，一定让您满意！”

很多销售人员在面对此类问题时不敢表态，怕因为说错话被老板责怪。连表态都不敢，自然也就谈不上安抚。实际上，这是销售人员的一个误区。类似上面的话可以大胆说，不需要请示老板，你也无须因此承担额外风险。无论怎么处理，都是建立在顾客能够接受的基础之上的。

从整个案例点评部分我们可以看出，针对类似的事件，事前预防比事后处理实施起来要容易得多，最主要的是事前预防是个皆大欢喜的结局。而一旦事情发生，且不论各种方法技巧收效甚微，即便经过各方共同努力把问题解决了，也很难落得一个皆大欢喜的结局，更何况整个过程还要耗费大量的时间和精力。因此，一线销售人员一定谨记问题预防比问题处理更重要。

第十三章

售后维护中的顾客心理及应对方式

当我们顺利完成解决方案的交付，收回剩余货款，意味着我们的销售工作已经结束，我们也可以长长地舒一口气，转而把所有工作精力投向正在销售进程中的顾客和意向顾客身上。这种状态固然没有错，甚至也是大部分行业终端销售人员当前阶段的普遍工作状态。但从终端营销价值链完整性及从激发顾客转介绍发生率的角度来考量，似乎我们的工作还可以再延伸一下。

客情维护是指作为经营实体的终端或相关从业者为实现特定目标，通过一系列技术、方法与措施来构建、维系和提升与顾客之间的感情关系的过程。在当前行业发展阶段，将客情维护上升到标准化和流程化，针对所有顾客实现全覆盖的终端还是比较少见的，即便有，基本也是处于文件规定中，多数情况下都是选择性、有重点和非强制性的实施。造成这种状况的原因主要有以下几点：

第一，整个终端客情维护的任务基本都默认地落在了经营者的身上，这直接导致的结果就是经营者必然对顾客客情维护的必要性作出选择，否则人数太多，根本无力招架。

第二，因为家居建材行业的顾客重复购买间隔周期比较长，平均是12~15年，这在一定程度上降低了包括经营者与销售人员在内的所有终端从业者对客情维护的重视力度和主观意愿，毕竟经济社会，竞争压力都很大。

第三，终端运营标准化的缺失或不完善，特别是对运营数据采集和分析的不重视，导致因顾客转介绍为终端带来的顾客流量和实际业绩无法被准确评定和认知，其价值无法得到客观化的呈现，长此以往，终端自然也就不会去考虑和重视如何来激发顾客转介绍这个问题，客情维护的价值必然被忽略。

第四，客情维护在一部分以顾客转介绍作为主力销售渠道的终端得到了足够的重视，由于它对终端经营业绩的贡献值很大，终端经营者及相关从业者愿意拿出更多的时间和资源来打磨这个优势。但由于这类终端往往规模都不是很大，并非品牌化运作，自然也就无法将客情维护做到标准化和规范化，甚至终端经营者也不具备这种能力和认知理念。

那么终端到底要不要将客情维护流程化和规范化？要不要对所有顾客实现全覆盖？这个是仁者见仁，智者见智的问题。如果说己方终端前端销售很给力，对新顾客的转化足以支持并推动终端的生存和发展，那么是选择性地还是全覆盖的实现客情维护可以根据实际情况来做出抉择。如果己方前端销售不是很理想，但面对残酷的市场竞争团队仍然充满斗志，那么完全可以全覆盖、流程化、规范化的做客情维护。现在是全渠道时代，多通道发展才是稳健明智的选择。

以上站在终端角度，如果站在销售人员角度来进行考察，似乎并不涉及选择的问题，而是关于怎么做的问题。客情维护的实施可以为销售人员带来很多益处。

首先，有效的客情维护可以激发顾客的转介绍发生率，为销售人员带来新订单，增加销售人员的收入。

其次，通过客情维护，销售人员可以看到各种各样的装修后的实景效果，有利于充实其销售工具包中的销售实景案例数据库，有利于积累行业专业知识和经验，有利于加深对家居装修效果成败原因的分析和理解，为后续的销售工作开展提供支持。

再次，通过客情维护，销售人员可以鲜明地认识到处在不同背景下的顾客的心理差异，进而强化对不同场景下顾客心理的判断和把握，能提高自身的销售技巧与销售过程驾驭能力。

最后，通过客情维护，销售人员可以不断地扩大自己的人际圈范围，从而对自己的工作和生活产生正向的积极影响。

如此看来，客情维护对销售人员来说非常重要。我们以往没有对其产生足够的重视，主要还是源于我们没有充分认识到它的价值。当然，它的价值发挥程度与我们客情维护的有效性是呈正相关的，如果只是形式主义的客情维护，那不要也罢，除浪费时间外，几乎不会有什么太大的成效。

这也是为什么很多终端做了一段时间标准化客情维护之后就不了了之的原因。本质上并不是客情维护这种方式没有价值，而是由于我们在实施过程中的工作无效和低效，没有激发出它应有的价值。最后让终端经营者或销售人员误以为这种方式可有可无，甚至是浪费时间。

客情维护主要是通过例行回访、短信问候、社交维系等方式来实施的。短信问候比较简单直接，没有讨论的价值和必要。社交维系是将顾客朋友化的一种倾向，由于这种方式都是个别小众行为，难以标准化，且不具代表性，暂不讨论。唯有例行回访同时具备普遍适用性、代表性、效度差异及可实现的标准化特点，所以，例行回访是本书具体分析讨论的焦点。

例行回访又可进一步细分为电话例行回访和入户例行回访两种操作方式。电话例行回访主要针对那些产品单值较小、不必要入户回访或因为各种原因不便进行入户回访的顾客。入户例行回访则针对除上文电话例行回访外的所有顾客。

电话例行回访：本书中的电话例行回访是指终端为了实现特定目

标，在顾客入住后的某一时间通过电话沟通的方式，采取科学的方法向顾客收集相关反馈信息的活动过程。

入户例行回访：本书中的入户例行回访是指终端为了实现特定目标，在顾客入住后的某一时间通过入户访问的形式，有准备、有计划地与顾客进行交流互动并收集相关反馈信息的活动过程。

电话例行回访

制定标准化回访流程

背景：顾客搬家后的1~3个月内（周末空闲时段）。

人员构成：销售人员+顾客。

背景分析：解决方案处于使用过程中，且累计使用时间达到一个月以上，这是电话例行回访的前提条件。如果顾客没有一定使用时间的累计，便无法给我们提出有价值的反馈信息，我们的工作也就失去了意义。

在正确选择时间的同时，我们也要选择好时段，一般情况下选择周末是对的，但根据顾客职业不同，具体情况也要具体分析。如果对方的职业是发型师，周末可能是一周中最忙碌的两天，显然选择周末对发型师这类职业来说是不合适的。最保险的方法是在例行回访前与顾客约定时间，或在销售过程中将顾客的忙、闲时间规律摸清楚。

常见应对方式：

方式一：工作无计划，随机实施电话例行回访工作。

方式二：电话例行回访工作缺乏规范化和标准化，流于形式。

有效应对方式：

制订科学合理的电话例行回访计划，并按照标准化要求规范整个实施过程。

场景模拟

案例A

实战背景：某品牌瓷砖电话例行回访工作现场。

人员构成：销售人员+顾客。

背景引申：某品牌瓷砖终端经营者（老板）规定，顾客入住新装居室后1~3个月内，享受该顾客销售提成的销售人员需要对顾客进行一次例行回访，了解顾客的解决方案使用情况并做好相关记录。具体选择哪种方式回访由执行例行回访工作的销售人员自行决定。该品牌瓷砖终端销售人员李小姐根据工作回顾，确定有1个顾客可以进行电话例行回访，现正式开始电话例行回访工作……

销售人员："您好，是赵姐吧？我是××品牌瓷砖的小李啊！还记得我吧，你家的××产品是在我们店里买的。"

顾客："哦！你好！知道！"

销售人员："今天给您打电话主要是做个回访，您产品用着还可以吧?"

顾客："还行！挺好的，暂时没发现什么问题!"

销售人员："行，赵姐！那您先忙，我就不打扰您了！"

顾客："嗯！好，好，谢谢!"

案例B

实战背景：某品牌木地板电话例行回访工作现场。

人员构成：销售人员+顾客。

背景引申：某品牌木地板终端运营管理体系规定，用户入住新装居室后1~3个月内，享受该顾客销售提成的销售人员必须对顾客进行一次例行回访，需根据顾客例行回访管理制度的有关规定确定例行回访的具体方式，根据《电话例行回访信息记录表》的问题大纲做好相关问题的问询和信息记录。该品牌终端销售人员王女士根据工作计划提示，确定有1个顾客可以进行电话例行回访，现正式进行电话例行回访工作。

销售人员："您好，黄姐！我是××品牌的李××！今天给您打电话的主要目的是对您的解决方案使用情况做一次例行回访，请问您现在讲电话方便吗?"

顾客："可以!"

销售人员："好的，黄姐！首先对于您给予我们的信任再次表示感谢。预计将占用您五分钟的时间，请问您在产品使用过程中有发现什么问题吗?"

顾客："暂时没有!"

销售人员："再次跟您确认一下，请问您在做卫生的时候是选择拧干的拖把和抹布作为清洁工具的吧?!"

顾客："我抹布都是拧干来擦的，上次验收的时候你不是这么跟我讲的吗?"

销售人员："恩，没错，黄姐，您记性真好！我只是想再次跟您确认一下，因为装修的时候事情比较多，很多顾客容易忘记！不过听您这么一说，我就放心了!"

顾客："……"

销售人员："请问黄姐，咱们家里木地板上面有放花盆或其他可能漏水的物体吗?"

顾客："花盆有放，其他物体也没啥。我知道，你上次说的花盆底下不能有积水，我记得呢!"

销售人员："您真棒！黄姐！如果我们的顾客都像您一样，那我可真就省心了!"

顾客："……"

销售人员："还有最后一个问题，黄姐！请问您对我们这次给您提供的解决方案和服务还满意吗？有什么好的建议提供给我们吗？"

顾客："目前为止满意，建议还真没有！"

销售人员："好的，非常感谢您的配合！黄姐！希望您下一次有产品需求时还能想到我们，如果身边有亲戚朋友在装修的也希望您能帮个忙做个引荐，我们一定万分感谢。那就不打扰您了，黄姐，祝您和家人周末愉快！"

顾客："好，谢谢！"

实战点评

通过 A、B 两个案例的对比不难看出，同样的一个终端运营流程，不同的终端和销售人员执行过程和执行成果却存在很大差别。类似案例 A 的电话例行回访代表了行业当前阶段大多数终端的实际状况，类似案例 B 的电话例行回访是稀缺的，相信只有少数品牌化经营的终端能够达到这种成效。

再来看看案例 A 和案例 B 的细微差别。

第一，电话例行回访对于案例 A 中的终端而言，只是经营者（老板）的一个要求，而在案例 B 中却是标准化的终端运营管理制度。无论从战略高度还是重视程度，案例 B 中的终端都要比案例 A 中的终端高出一个层次。

第二，案例 A 中的销售人员是根据工作回顾来判断是否有需要例行回访的顾客，而案例 B 是通过工作计划的提示来安排例行回访工作的。案例 A 的方式是属于被动执行方式，随机性较大，时效性很难保证。而案例 B 的方式属于主动执行方式，能够保证较高的时效性。

第三，因为没有上升到标准化制度层面，案例 A 中的销售人员在执行电话例行回访工作时没有充分的准备，更没有可供参考和支持的工具；而案例 B 中整个电话例行回访流程比较规范，销售人员更有专门的标准化的《电话例行回访信息记录表》作为工具支持。

有工具支持和没有工具支持最大的差异在于：对缺乏经验的新员工而言，工具可以有效辅助其顺利完成整个电话例行回访工作，其只要按照表中的问题大纲完成问询即可。试问，如果案例 B 中执行电话例行回访工作的是新员工，在没有工具支持的情况下，其执行过程会不会同案例 A 一样呢？答案是可能性很高。在有工具介入的情况下，对销售人员的执行过程也是一个非常好的督促。为了保证工作成果，销售人员要将问题大纲中的问题全部问询一遍，这是最基本的动作。如果没有工具介入，销售人员有时可能只会象征性地问一两个问题，就应付了事，这既不利于销售人员自己的成长，也不利于终端的工作质量的保证。通过标准化和结构化的工具来完成电话例行回访工作，有利于对收集的顾客反馈信息进行集中汇总，进而发现销售与服务过程中还有哪些不足，并持续优化改进。

第四，案例 A 是一种流于形式的电话例行回访，它的价值和意义非常微弱。案例 B 则是一种行之有效的例行电话回访，它能够真正地让顾客感受到我们的专业化和规范化，例行回访本身的价值也得以体现。

有的读者或许会提出疑问，瓷砖和木地板不一样，瓷砖没有木地板那么多问题，比如对清洁工具的要求和因为积水带来的产品质量安全隐患。这确实是客观存在的，我们不主张流于形式，更不主张画蛇添足式的多此一举。虽然产品品类不同或解决方案之间存在差异会导致我们的问题数量和关注角度也会存在差异，但这种差异只会带来问题数量的多与少的差别，绝不至于只是问一下产品用的怎么样就可以盖过的。

如在案例 A 中，我们还可以问询的问题是为了保障家人的安全不受威胁，我们是否选择了适宜材质的拖鞋；顾客对我们瓷砖的配色或拼花方案是否满意等。

通过对案例 A 和案例 B 的细微差别分析，我们不难看出，只有标准化的电话例行回访工作才能真正地有效，才能获得顾客的认可。如何让顾客感受到我们的用心服务，如何把顾客对我们的认可提升到新高度甚至是让顾客感动呢？显然这些目的已经超过了电话例行回访的功效和价值边界。如果想要达到上述目的，我们必须选择与顾客面对面进行沟通的入户例行回访，只有这样，才有可能达到上述目的。

首先来简单对比一下入户例行回访与电话例行回访工作的联系和区别。

联系：

第一，都需要提前准备并作出计划。

第二，实施目的具有一致性。

第三，都涉及相关工具的运用。

区别：

第一，入户例行回访需要与顾客进行提前预约，在确保顾客有时间的情况下才能执行。电话例行回访可以提前预约也可以不提前预约，可根据实际情况而定。

第二，入户例行回访需要投入更多成本。一般一次入户回访至少需要 1 小时左右，如距离顾客住所路程较远的可能还不止 1 小时，电话例行回访一般仅需要 5~10 分钟即可，这是指时间成本。入户例行回访往往需要准备礼物，电话例行回访则不需要，这是物质成本。

第三，入户例行回访可以实现与顾客的直接交流，互动性更强，内容也更加丰富。电话例行回访则沟通形式受限，内容单一。

第四，入户例行回访是标准化与灵活运用相结合的一种工作方式，电话例行回访则是一种标准化的工作方式。

由此可见，入户例行回访比电话例行回访操作起来更加复杂，相应的对销售人员的工作经验、执行力与灵活变通能力要求也更高。

入户回访

可以带点儿小礼物

背景：顾客入住后的1~3个月内（周末空闲时段或晚上）。

背景分析：入户例行回访的工作现场一般都是在顾客家中进行，在这种私密性较强的环境下，顾客对工作人员的行为举动会比较敏感。因此，工作人员在实施前需做好必要的准备，在执行过程中要注意自己的言行，所有涉及顾客隐私方面的事项一定要先征求顾客的意见，征得顾客同意后方可实施。避免因为行为冒犯，招致顾客不满和反感。

常见应对方式：

方式一：销售人员准备工作不充分，只注重形式，不注重效果。

方式二：终端对入户例行回访工作没有标准化的要求，或相关制度、机制不健全，销售人员执行标准不彻底，缺乏对应的监督反馈机制。

有效应对方式：

终端运营管理体系及制度完备，流程清晰明确，销售人员准备充分，能够完全按照标准化的要求执行，并取得预期成效。

场景模拟

案例A

实战背景：A品牌橱柜入户例行回访工作现场。

人员构成：销售人员+顾客。

背景引申：A品牌橱柜终端运营管理制度规定，顾客入住新装居室后1~3个月内，享受该顾客销售提成的销售人员需要对顾客进行一次例行回访，了解顾客的解决方案使用情况并做好相关记录。具体选择哪种方式对顾客进行回访，以及回访工作的执行标准，运营管理制度中均有明确规定。A品牌橱柜终端销售人员温女士根据工作计划提示，确定有1个顾客需要进行入户例行回访。温女士已经提前通过电话与顾客预约好了具体回访时间，经过简单准备后，温女士准时达到回访工作现场……

销售人员："您好，田姐，冯哥！"

顾客女："来啦！小温！快进来，来，这边坐！"

销售人员："咱们家里整体效果装得挺好！"

顾客女："还行吧！沙发没选好，都怪你冯哥，当时要不听他的，选原来我看上那一款，比现在效果还能再好点！"

顾客男："……"

销售人员："橱柜用得还好吧？田姐！"

顾客女："还行，挺好！"

销售人员："我可以进厨房看看吗？"

顾客女："可以啊！来，过来看看吧！"

在厨房闲聊了约5分钟后……

销售人员："田姐，我们店面有要求，过来回访得拍几张照片回去，您不介意吧！"

顾客女："行，你拍吧！"

咔……咔……咔……

销售人员："田姐，那我就不打扰你们了，您这产品用得也挺好的！"

顾客女："再坐一会儿呗！"

销售人员："不了，孩子自己在家！偷着跑出来的！"

顾客女："那行！有空过来坐啊！"

销售人员："行！有啥亲戚朋友装修帮我介绍一下啊，田姐！"

顾客女："好的！"

案例 B

实战背景：B 品牌橱柜入户例行回访工作现场。

人员构成：销售人员+顾客。

背景引申：B 品牌橱柜终端运营管理制度规定，顾客入住新装居室后 1~3 个月内，享受该顾客销售提成的销售人员需要对顾客进行一次例行回访，了解顾客的解决方案使用情况并做好相关记录。具体选择哪种方式对顾客进行回访，以及回访工作的执行标准，运营管理制度中均有明确规定。A 品牌橱柜终端销售人员邵先生根据工作计划提示，确定有 1 户顾客需要进行入户例行回访。邵先生提前通过电话与顾客预约好了具体回访时间，经过认真准备后，邵先生准时达到回访工作现场……

销售人员："您好，曹姨，石叔！"

顾客男："来啦！小邵！来，换鞋吧，这有拖鞋！"

销售人员："谢谢，石叔，我自己带了鞋套。"

顾客女："你这小伙子，还挺讲究的！"

销售人员："应该的，曹姨。"

顾客男："怎么样，现在生意挺好吧？来，这边坐。"

销售人员："借您吉言，石叔，生意挺好，刚搞完活动！"

顾客女："又搞活动了？这次价格是不是比我们买那次还便宜？"

销售人员："曹姨，再也不会有你们上次那么大优惠了，现在原材料都涨价，产品价格多少也涨了一点儿，还是你们运气好，捡个大便宜，搁现在买，您得多花不少钱！"

顾客女："……"

销售人员："曹姨，你这阳台的花养得不错！有水平！我家以前也养花，不过跟你家这花比，我家那就不能叫花了！”

顾客女：“是吗？那你石叔还总嫌弃我没养好呢！”

销售人员：“我石叔那是逗您的吧？您可别信。石叔，咱一起到厨房看看吧？”

顾客男：“好，小邵，来吧！”

销售人员：“曹姨，怎么样，这橱柜用着还行吗？”

顾客女：“行！挺好！”

销售人员：“那就好！曹姨，这橱柜柜门我可以打开看看吗？”

顾客女：“行，你开吧！”

销售人员将所有能够开启的橱柜门、抽屉试开并检查了一遍，确认无误后在《入户回访信息记录表》上进行了记录。紧接着，销售人员又对柜体表面、橱柜台面和门板表面进行了仔细的检查并做好相关记录。

销售人员：“石叔，曹姨，柜子我已经认真检查过了，没发现什么隐患和问题！你就放心用吧！”

顾客女：“小邵，不瞒你说，我家里装修买了这么材料，像你们这么认真服务的，几乎就没看到。你放心，以后有机会曹姨肯定帮你介绍顾客！”

销售人员：“那我得先谢谢您，曹姨，石叔，这个是用在咱们橱柜上的五金配件叫铰链，我这次过来特意给您带过来一个，就是装在这个地方的！”销售人员一边说着一边将橱柜门打开，给顾客指明了铰链的位置。

顾客男：“啊！这叫铰链，这一般能用多少年？”

销售人员：“石叔，这个能用很久，一般情况下不会坏！我给您带一个过来就是保证您有备无患。再说，这产品用到一定年限多多少少都会老化，万一将来时间久了有个别老化或不好用了，您还有个替换。不然到那时候，就算我想送给您，能不能找到同样类型的配件都还是个问题。毕竟，现在产品更新都很快，咱这橱柜也不是用1年、2年。”

顾客男：“有道理！这是免费送的？”

销售人员：“对，本来是要收钱的，但是我替您跟领导说了几句好话，帮您免费申请了一个。以后有机会多帮我介绍几个顾客就行了……”

顾客男：“放心吧，有顾客肯定帮你介绍。”

销售人员：“来，铰链您放好，石叔，这小包里是螺丝钉。”

顾客男：“好嘞，谢谢你，小邵，想不到你还挺心细的。”

销售人员：“不客气，石叔，现在做生意都是做服务，你们就是我们的衣食父母，这都是我们应该做的。”

销售人员在征得顾客同意后拍摄了几张橱柜实景照片，紧接着又交代了几句使用过程中的注意事项。

销售人员：“曹姨，石叔！针对本次我们提供的橱柜解决方案，你们还满意吗？”

顾客男、女：“满意！”

销售人员：“对我们的服务和产品有什么好的建议吗？”

顾客男：“挺好，没啥意见！”

顾客女：“如果有建议就是要向你们老板多表扬你！”

销售人员：“曹姨，您太客气了，这都是我应该做的。行，石叔，那您帮我在表格上签个字吧。没您的批示，我交不了差啊！”

顾客男：“没问题！”

销售人员：“我的任务完成了！石叔，曹姨，欢迎你们有时间常来店里坐坐。”

顾客男：“再坐一会儿吧！小邵！”

销售人员：“不了，石叔，我还有工作要忙，等以后有机会再来拜访您。”

顾客女：“那好，以后有时间常来坐，小邵。”

销售人员：“好的，曹姨，下次带我老婆过来跟您学学怎么养花……”

实战点评

从案例 A 和案例 B，我们可以发现，即使在同样产品品类、同样有健全的终端运营管理制度的情况下，入户例行回访工作的流程、细节以及成效也存在很大差别。造成这些差别的因素既有可能是来自终端，也有可能是来自销售人员。来自终端方面的因素主要有：终端的运营管理制度形同虚设，缺乏必要的监督和考核机制；终端运营管理制度本身不够健全，如执行标准不明确或实施流程不严谨。来自销售人员的因素可能有工作态度不端正、对工作标准和流程的执行不彻底等。

接下来，我们一起来分析一下案例 B 中的销售人员对比案例 A 中的销售人员到底有哪些方面做得比较好，并且值得我们在终端实务操作过程中加以借鉴和运用。

首先，案例 B 中的销售人员准备工作比较充分。销售人员的入户例行回访工作工具包包括鞋套 1 副、《入户回访信息记录表》1 份、笔 1 支、铰链 1 个、螺丝钉 1 包（小），每一种工具都有其特殊用途。而案例 A 中的销售人员没有准备任何工具，赤手空拳上战场。对于双方都用到的手机，我们不将其视为工具。

其次，案例 B 中的销售人员严格按照流程执行，并能够让顾客感受到流程的存在。无论是从解决方案检查、礼品赠送、照片拍摄、产品使用与维护宣导、顾客签字这些大的环节上，还是从柜门开合检查、台面检查和柜体表面检查这些细微环节上，均能让顾客感受到流程的存在。而案例 A 中的销售人员只是简单了解了一下产品使用情况，根本不存在流程，顾客也更加感受不到流程。

再次，案例 B 中的销售人员在开场沟通环节通过赞美女顾客的养花水平作为暖场，在离开顾客家里的时候仍然重复强化对顾客这方面水平和能力的认可。说明销售人员在灵活应变和对沟通过程的驾驭能力方面是比较出色的。这样既可以让顾客感受的自我价值被认可，也可以有效调节双方的沟通和交流氛围，是一举两得的事情。

反观，案例 A 中的销售人员只是闲聊，没有呈现出一定的沟通技巧。这么说并不是排斥闲聊，相反，闲聊是必要的，只是在这必要的闲聊过程中，要善于发现并找到顾客居室中的亮点，并给予其适当的认可和强化，这将有助于我们与顾客之间的良好沟通。

最后，从对整个入户回访工作的执行过程来考察，案例 B 中销售人员的工作态度是认真负责的。而案例 A 中销售人员的工作态度给人的感觉则是走过场，应付了事。一定要相信一点，当你用心面对顾客的时候，他是一定能感受到的。

在现实终端运营实务操作过程中，我们与竞争品牌就某一流程单元或运营机制的执行过程和实际成效是不会产生交集的。也就是说，针对同一工作项目，A 品牌从业人员看不到 B 品牌从业人员是如何做的，同理，B 品牌也是一样。既然大家相互不得见，自然也就不存在类似我们上文案例解析中的对比分析，没有对比自然也就看不出差距，而看不到差距最危险的结果就是容易导致自身落入“自我感觉良好”的陷阱。

如案例 A 中的终端从业者，假设他们不知道案例 B（竞争品牌）中的终端从业者是如何开展入户例行回访工作的，他们很可能会自认为自己已经做得很好了。我们可以将这种因为不可见或无对比导致的认知偏见称为“竞争盲差”。而从当前行业终端发展现状来看，案例 A 中的终端及从业者表现已经十分可贵，主要是因为有绝大部分的终端压根就没有入户例行回访这个说法和意识。

但随着竞争的加剧，品牌集中度不断提高，未来终端运营标准化是大势所趋。这也意味着未来会有越来越多的类似案例 B 中的终端及从业者不断涌现，到那时，案例 A 中的终端及其从业者的表现将毫无优势可言。

我们已知案例 B 中的销售人员综合表现较好，但这些综合表现对顾客而言到底意味着什么？对顾客的心理与行为到底会产生怎样的影响？下面做具体分析。

首先，先来看一下案例 B 中销售人员的销售工具包。鞋套能够传达给顾客的信息是销售人员有备而来，销售人员重视细节并充分站在顾客角度替顾客考虑。当这些信息汇总到一起的时候，顾客会得出这样的结论：销售人员素质高，工作细致严谨，用心为顾客服务。

笔和《入户回访信息记录表》能够传达给顾客的信息是 B 品牌终端要求严格、程序规范，销售人员工作态度认真负责。信息汇总后，顾客结论是：这个终端经营的 B 品牌确实是大品牌，否则不会这么专业、严谨和细致，当时自己的选择是正确的。

铰链和螺丝钉能够传达给顾客的信息是终端和销售人员考虑周全，真正做到了全心全意为顾客服务。这种情况下，顾客很容易被感动。为什么在销售进程中，我们对顾客那么好，顾客不容易感动，反而现在一个小小的铰链就能让顾客感动呢？这是由不同背景下顾客的不同心理认识造成的。

在销售过程中，销售人员的一切行为在顾客看来都是在为成交做准备，带有明显的目的性。而在销售结束后，销售人员的所有行为都不再是以利益为目的，除了真诚、用心服务这些形容词，顾客确实也很难再找出其他什么词汇。想象一下，当有一个人不带有任何目的送你一件对你有价值的礼物或物件时，你的内心会是一种什么样的感受呢？哪怕是一瓶水，它也是温暖的，因为这个物件或礼品本身价值多大并不重要，重要的是你的这个发自己内心的行为。

当然，卖橱柜的送铰链；卖窗帘的可以送挂钩，原则上来讲挂钩比铰链有更大概率被顾客使用。卖楼梯和红木家具的可以送毛刷（清洁用）；卖木地板的可以送蜡油；卖瓷砖的可以送拖鞋等。如果卖油漆、壁纸或硅藻泥的同事问“兄弟，那我们送啥?”咱们可以送两小包活性炭吧！实在不济买点水果总可以吧！能与你销售的产品有关联度最好，如果没有，类似活性炭这种通用性产品是最好的选择。只要能够让顾客感受到我们的用心即可，礼品本身的形态及其价值多少真的不是很重要。

其次，我们再来看下案例B中销售人员标准化的流程操作。顾客能感受到的流程对顾客意味着什么？这意味着顾客会将其视作一种程序或仪式。这种程序或仪式会赋予销售人员整个工作过程认真、严谨、务实的状态，而这种状态会让顾客感受到自己正在被他人全心全意服务，充分地满足了顾客作为消费者的深层次诉求。同时，会促使顾客对品牌服务抱有极大的安全感。

再次，案例B中的销售人员对女顾客的赞美，会让女顾客认为自己在某一方面的价值得到承认，这种自我价值实现的诉求是每一个人内心深处都存在的，因此，其拥有较高的普适性。又有谁会去排斥一个欣赏自我的人呢？女顾客多少感到的心理愉悦。

但赞美必须要有真实的载体，比如案例中顾客家里的花，就是销售人员赞美的载体。我们不主张为了赞美而赞美，缺乏有效载体的欣赏和赞美，那是阿谀奉承，只会适得其反，让顾客认为你是在信口雌黄。当然，亮点是要我们自己去发现的，比如顾客家里的十字绣、书法、挂画等，只要细心观察，并不难发现。

最后，综合所有实际表现，销售人员的工作态度会得到顾客的承认。这意味着顾客在原有基础上会进一步深化对销售人员的信任，提高对销售人员的综合正向评价，激发顾客的转介绍发生概率，甚至在应对可能出现的售后问题方面，也能形成并积累较好的缓冲能力，间接增强终端抵御潜在风险的能力。

针对本部分所述内容即顾客例行回访，我们既可以把他看成客情维护的一种手段，也可以将其视为售后服务的重要组成部分。如果我们的终端确实实现了针对顾客例行回访的标准化，并且能够保证销售人员的规范化操作，我们就可以将其视为售后服务的一部分，反之，如果是缺乏标准化和规范化的操作，仅是个人主观行为的随机实施，我们就可以将其看作一种维护客情关系的手段。

综上所述，在客情关系维护方面，只要我们比竞品多做那么一点儿，做得有成效一点儿，做到顾客心里去，我们就会在不知不觉中打造出属于自己的核心竞争力。而作为销售人员，无论你所服务的终端在客情维护方面是否已经标准化，我们都应该按照标准化的方式去要求自己，只有这样，才能在实战中不断磨砺自己，同时也给整个团队带来创新和价值。

售后服务工作对于任何一个行业来说，都具备一定的挑战性，家居建材行业自然也不例外。受制于终端规模和体量，多数家居建材终端无法配置专门的售后服务人员，这个光荣的使命自然也就落在了广大一线销售人员身上。当然，根据产品品类对技术能力要求的不同，销售人员在整个售后服务过程中扮演的角色也不尽相同。在技术能力要求高的品类终端，往往终端经营者或专门的售后服务技术人员会参与其中并主导整个售后服务过程，销售人员给予必要的协调和辅助支持即可。反之，则需要销售人员来主导甚至是独立完成售后服务工作的全过程。

售后服务有广义概念和狭义概念之分。广义的售后服务是指产品（解决方案）销售的主体在完成产品（解决方案）交付后为顾客提供的一切有偿或无偿的服务。按照这个概念，我们本章第一节讨论的客情维护相关的内容实际上也可以理解为售后服务。

狭义的售后服务是指因产品质量、解决方案瑕疵、顾客使用不当或其他因素导致的产品或解决方案出现质量或形态变异、破损、毁坏，从而影响产品的外观或正常使用，产品或解决方案销售主体为解决顾客上述问题所采取的一系列措施、方法和手段的集合。本部分内容讨论的正是狭义概念下的售后服务。

售后服务工作的挑战性主要来自以下几个方面：第一，顾客心理因素对整个沟通过程与沟通氛围产生较大的负面影响。第二，责任归属难以确定。导致售后服务的因素很多，有些因素甚至专业技术人员也难以界定和区分，这给确定责任归属带来了很大的困难，往往也成了售后服务工作的焦点和难点。第三，涉及沟通的范围较大。通常售后服务涉及的沟通主体包括终端、顾客、承担产品或解决方案安装与施工服务的第三方外包人员和产品生产厂商，有时还会涉及产品生产厂商的上游供应商。第四，专业人员与非专业人员之间的认识偏差产生的沟通障碍也很难化解。很多售后服务的处理或多或少都会涉及产品专业知识，但是大多数顾客并不具备产品专业知识，这样很容易导致“秀才遇见兵”的现象。

可见，若不能掌握科学有效的方法，要想把售后服务处理好，绝非易事，想让顾客感到满意也更困难。那要怎样处理售后服务才能确保我们的工作有效，避免触犯一些常识性的错误呢？我们仍然需要通过先分析顾客心理再思考对策的方式来设计我们的售后服务工作。

首先将整个售后服务过程进行阶段划分，售后服务过程大致可分为三个阶段，分别为售后服务响应阶段、售后服务处理阶段和售后服务结束后阶段。接下来本节将针对不同阶段下的顾客心理特征进行分析阐述。

售后服务响应

第一时间做出响应，绝不拖拉

场景：顾客主动联系销售人员，并告知了售后服务问题。

场景分析：无论是什么因素导致的售后服务，最终利益受损的都是我们的顾客。因此，在售后服务响应阶段，顾客的情绪普遍比较激动和焦虑，在沟通过程中，常常伴有指责、诋毁、催促、压迫和焦躁等语气和语态，对此，销售人员应给予足够的理解。

导致顾客产生售后服务的因素很多，售后服务的问题表现形式也不尽相同，甚至由于心烦意乱和对产品专业知识的不专业，顾客对问题的描述也没那么专业和准确，这些也都是售后服务响应阶段客观存在的实际状况。

无论是从顾客心理还是现实状况分析，似乎都需要我们对顾客的反馈做出快速响应，一方面给顾客足够的安全感，另一方面尽快将导致售后服务的问题搞清楚，这样有利于缩短售后服务工作周期，表明我们认真严谨的工作作风和全心全意为顾客服务的态度。

常见应对方式：

方式一：对顾客的售后服务反馈缺乏足够的重视，不能做出及时快速的响应。

方式二：等待终端经营者或专门的售后服务技术人员来处理，没有发挥必要的辅助支持作用。

有效应对方式：

在收到顾客反馈后，无论售后问题是否属于自己的职责范围，均应在第一时间做出响应，绝不拖拉。

场景模拟

案例 A

实战背景：某壁纸专卖店售后服务响应阶段。

人员构成：销售人员+顾客。

背景引申：顾客郑女士家里装修选用的是某品牌壁纸，可是入住刚刚半年，卧室墙壁局部表面便出现了起泡（鼓包）的现象。刚开始只有一两处，且面积不大，郑女士并没有特别在意。但随着时间的推移，起泡的地方逐渐增多，面积也越来越大，事态的发展完全超出了郑女士的预料。郑女士赶紧拨通了当初向其销售壁纸的销售人员袁女士的电话……

顾客："是小袁吧？我是××小区的，我家里装修的壁纸是在你们店里买的，这还不到半年，墙面好多地方都起泡了，你当时推销的时候说得可是很好，你们是大品牌的……你啥时有空过来看看？"

销售人员："是袁姐啊！怎么会出现这种问题呢？实在不好意思，袁姐！技术这方面我们不懂，我们店里的产品售后都是老板处理的，但是这两天他刚好出差了，等他出差回来之后我会将情况反映给他，让他过去看一下，您看这样可以吗？"

顾客："要多长时间啊？"

销售人员："这个还真不好说，正常三五天应该能回来！"

顾客："那好吧！你要尽快啊！"

销售人员："您放心吧！"

案例 B

实战背景：某品牌晾衣机专卖店售后服务响应阶段。

人员构成：销售人员+顾客。

背景引申：顾客沈先生家里新房装修选择的是某品牌晾衣机，可是产品仅使用了三个月就出现了功能障碍，导致产品无法继续使用。沈先生赶紧拨通了当初向其销售晾衣机的销售人员秦先生的电话……

顾客：“小秦吗？我是××小区的顾客，我家里装修用的晾衣机在你们店里买的，你还记得吗？”

销售人员：“是沈哥啊！当然记得！您家买的是××那一款！我印象很深刻的！”

顾客：“这才用了三个月，产品就出问题了，你们的产品质量也太差了。”

销售人员：“不要着急，沈哥，咱有话慢慢说！您家的晾衣机到底出现了什么问题，可以跟我描述一下吗？”

顾客：“晾衣机每次……大概情况就这样！”

销售人员：“实在抱歉！沈哥，通过您现在的描述，我还不能判断到底是什么问题导致的这种状况。这样，我马上联系一下我们店里的售后服务技术人员，看看他现在是否有时间，如果有时间让他去您那里看看。您今天时间都方便吗？”

顾客：“方便！”

销售人员：“好的，沈哥，我马上打电话给他，沟通好了我回您电话！”

三分钟后。

销售人员：“实在不好意思，沈哥！我们店里的售后服务技术人员今、明两天比较忙，安排不出时间，最快要后天才能安排出时间过来帮您看下。等一下，我会先过去帮您看下，您看这样可以吗？”

顾客：“好的！”

案例点评

从A、B两个案例中销售人员的实际表现来看，很明显案例A中的销售人员对顾客的售后服务问题没有做出快速响应，说明销售人员对顾客的售后服务没有引起足够的重视。相反，案例B中的销售人员虽然也同案例A中的销售人员一样，不能主导售后问题的处理，但却做到了快速响应，能够在接到顾客反馈后的第一时间积极面对并采取行动，表明了己方对顾客的重视度。

在售后服务响应阶段，没有什么技巧和方法可言，需要的就是我们能够快速行动不拖拉，只要我们坚持这一基本原则，在一定程度上就有利于缓解我们与顾客之间的沟通氛围，取得顾客的理解和支持并减缓顾客对品牌和终端信任感的流失速度。

很多时候售后问题之所以越闹越僵甚至到不可开交，与我们的工作态度有很大关系。而作为售后服务响应阶段，态度的传达更是重中之重。类似案例A中的销售人员的表现，很可能就会让顾客认为自己的问题没有引起足够的重视，对顾客原本持有的负面情绪来说，无异于火上浇油。

售后服务的主导处理，因为涉及产品专业知识和相关技术，并不可能每个人都具备这种能力，这是客观现实，但积极的工作态度是任何一个销售人员都可以通过自身的努力来进行塑造的，如果我们能够让顾客感受到我们的重视，我们在售后服务响应这个阶段的工作也就具备了实质性的成效和价值。

售后服务处理

主动及时将信息反馈给顾客

场景：顾客售后服务处理过程中。

场景分析：在顾客售后服务处理过程中，因为涉及沟通的主体较多，且需要对售后问题产生的原因进行深入分析，导致售后问题不可能在短时间内被彻底解决（简单易解决的小售后问题除外）。在这种状况下顾客心理通常比较焦急和多疑，对问题何时能够解决和解决方案是否能让自己满意这些问题的担忧心理也会在整个售后服务处理过程中伴随着顾客。

在这些变异心理的作用下，顾客的表现和行为通常也容易失常，如催促、诋毁、贬损、训斥、叫嚣甚至是谩骂等。总之，每一种失常行为的背后，都隐含着一种变异心理，失常行为的种类越多强度越大，其对应的顾客心理的变异也就越复杂，相应的变异程度也就越高。

常见应对方式：

方式一：一“拖”到底。

方式二：被顾客追着“跑”。

方式三：与顾客辩论、争吵。

有效应对方式：

方式一：将积极面对的工作态度贯穿于整个售后服务过程，尽最大努力保证售后服务工作的时效性。

方式二：对顾客的信息反馈保持主动性和及时性，对顾客的变异心理和行为给予耐心、理解和包容。

场景模拟

案例 A

实战背景：某品牌整木定制售后服务过程。

人员构成：销售人员+顾客+产品安装与施工技师+厂家技术人员。

背景引申：顾客朱先生入住新居后约半年左右，其爱人在一次家务清洁时无意中发现自己家里的实木楼梯油漆表面出现了细小的裂纹，并将此事告知了朱先生。朱先生经过仔细检查后发现，这些细小的裂纹不是很明显，如不仔细观察，基本看不出有任何异常。即便如此，也让朱先生气愤不已。毕竟当时选择在××品牌整木定制专卖店购买楼梯，是经过自己再三权衡后作出的慎重决定。而且该店当时也宣称自己是××品牌，产品质量和工艺都是有保证的，可是这才用了没多久，就出现这样的问题，朱先生有一种上当受骗的感觉。为此，朱先生在第一时间拨打了当时全程为自己提供服务的销售人员林小姐的电话……

顾客："小林吗？我是朱××。还记得吧？"

销售人员："是朱哥啊！当然记得，最近挺好吧朱哥！今天怎么想起我了？是不是要介绍顾客给我？"

顾客："还介绍顾客？我都想退货了！你尽快安排时间，到我家来看看，上次在你家买的楼梯表面都开裂了！"

销售人员："不会吧？很严重吗？"

顾客："严重不严重你过来看下就知道，电话里一句话两句话说不清楚！"

销售人员："不好意思，朱哥，现在就我一个人在店里，走不开！这样吧，我联系一下我们的售后技师，看下他什么时候有时间，让他到现场去看一下，我们店里的售后一般都是由师傅来处理的，我们也不是很懂技术！"

顾客："行，那你尽快给我安排！"

销售人员："好的！"

两天后，顾客打电话给销售人员。

顾客："怎么样？你们商量得怎么样？什么原因导致的开裂能确定吗？"

销售人员："您好朱哥！现在原因还没有确定下来，我们的安装技师也无法准确判断到底是什么原因导致的，我们正在跟厂家沟通，看下厂家能不能派专门的技术人员过来看下！”

顾客：“要多长时间？”

销售人员：“这个还真不好说，您也知道，厂家的事情不是我们能决定的！”

顾客：“你要尽快，不要给我拖拖拉拉的！”

销售人员：“放心吧！朱哥！”

一周后，顾客打电话给销售人员。

顾客：“这都一个星期了，你们一点儿动静都没有？不管了？”

销售人员：“怎么可能不管！朱哥，我们是做品牌的，您放心吧……”

顾客：“那你给我个具体时间？啥时能给我个准确回复？”

销售人员：“这个真给不了，您再等等吧，朱哥！我们已经在催厂家了，厂家已经答应会尽快派人过来！”

顾客：“你尽快啊！我的耐心可是有限的……”

销售人员：“放心吧，朱哥！”

十天后，顾客打电话给销售人员。

顾客：“你们到底还管不管？多长时间了？都快1个月了。还口口声声说品牌，品牌就这工作效率吗？”

销售人员：“朱哥，您不要发火嘛！厂家技术人员应该就这一两天就能到，这么长时间您都等了，也不差这一两天了吧！”

顾客：“……”

又过了五天，其间厂家技术人员与售后技师有到过售后问题现场，实际查验过产品出现的质量问题。

顾客：“你们厂家技术人员也看过了，这回总可以给我个回复了吧？”

销售人员：“朱哥，是这样的，我们厂家技术人员的建议是您再用一段时间，先观察一下，看下产品还有没有进一步的变化，然后再看下如何解决这个问题!”

顾客:“再使用一段时间?问题不是摆在那里吗?难道你们厂家人员来了没看到吗?为啥有问题不解决问题?还要让顾客再用一段时间?你们分明就是在逃避责任……”

销售人员:“朱哥您要这样说，我也没办法。反正这是厂家给我们的回复。而且我们厂家技术人员把相关情况也跟您爱人说过了，具体您爱人应该也有跟您说过吧?”

顾客:“跟我说什么?我要你们给我解决问题，其他说再多也没用!”

销售人员:“这也是为了你们好啊，您再用一段时间观察一下，有没有其他什么变化，如果没有什么变化厂家肯定会给您解决这个问题的!这一点您尽管放心……”

顾客:“那要有变化呢?是不是就不管了?”

销售人员:“有变化也得管，不管有没有变化都得管!哎!我怎么跟您说呢!就是您先用一段时间，如果稳定下来了，没什么其他问题了，厂家就会考虑如何帮你解决这个问题!”

顾客:“为啥还得再用一段时间?稳定什么?有问题不处理问题，从发现问题到现在，多长时间了?看看你们的效率!原本以为厂家技术人员来了，能尽快解决，想不到还变本加厉了，不行，你得跟厂家说，这个问题必须马上解决!”

销售人员:“朱哥!你就相信我们一次吧!厂家这么安排自然有他的道理，如果真想不管，厂家就不会派人过来了!”

顾客:“不信，我谁也不信!你们都不靠谱，包括你也是一样!你们老板电话多少?把你们老板电话告诉我，我直接找你们老板沟通……”

销售人员:“我们老板是不管这些事的，朱哥……”

顾客："你看看，没有一句实话！你们就是一帮骗子……"

销售人员："朱哥！咱们说话能不能相互尊重一点，毕竟我是个女孩子！"

顾客："尊重个啥？你们尊重我了吗？当时说得天花乱坠，现在推得一干二净！都是你们干的好事。还跟我讲尊重……"

销售人员："你怎么不讲理啊！朱哥……"

案例 B

实战背景：某品牌木地板售后服务过程。

人员构成：销售人员+顾客+终端经营者+厂家专业技术人员。

背景引申：顾客滕女士新房装修选择的是某品牌实木地板，在产品使用了约 5 个月的时间后，局部地板板块拼缝间出现了明显的缝隙，直接影响了产品的美观和正常使用。为此，滕女士先到网上查询了相关信息和资料，并通过对相关信息的分析和判断得出了一个初步结论，造成自家地板出现这种问题的最大可能性是由于实木地板自身含水率的缩减造成的。

对产品出现的问题有了一个基本判断和掌握后，滕女士第一时间联系了当时向自己销售产品的销售人员吴女士……

顾客："吴小姐您好！我是××小区×号楼××的顾客，我姓滕。我家地板表面出现了明显的缝隙，你要不要找个时间过来帮我看一下？"

销售人员："您好！滕姐！有这种问题？可以！您不要着急，滕姐！我会尽快安排时间过去看下！"

当天晚上，吴女士赶到顾客家里，通过对现场产品出现的质量问题实际查验后确认，顾客反映问题属实，但因为刚接触木地板行业不久，这是第一次遇到此类问题，吴女士只能将出现质量问题的局部地板表面拍摄了照片，并承诺顾客尽快将相关问题反馈给上级领导和厂家，争取早日将顾客的售后问题处理掉。

第二天上午，吴女士在将相关情况反馈给终端经营者并与之沟通确认后，给顾客滕女士打来电话！

销售人员：“您好！滕姐！关于您家的地板质量问题，我今天早上已经反馈给我们领导了，因为图片拍得不是很清晰，无法对问题进行准确判断，现在想再跟您约个时间，让我们领导亲自到您家里来看看。”

顾客：“可以！那就……”

销售人员：“好的！那我们就说好了！不好意思，滕姐，给您添麻烦了！”

当天晚上，终端经营者在约定时间到达顾客售后问题现场，经过查验后，根据以往经验判断是因为产品缩水导致的缩缝，但对于为什么是局部缩缝而不是全部缩缝和当前问题的处理方法这两个问题，终端经营者也拿不定主意，在简单安抚了一下顾客后，终端经营者承诺会尽快将相关问题反馈给厂家，争取早日将问题处理掉。

第三天上午，在收到终端经营者的反馈后，销售人员给顾客打了电话。

销售人员：“您好！滕姐！我们领导今天早上把您这边的情况大致跟我讲了一下，现在您这边的情况……因此，我们必须把相关问题反馈给厂家，由厂家专业技术人员来协助我们为您解决当前的问题，现在我们已经将您这边的问题反馈给了厂家，我会及时关注事件进展，有什么新的动态我会马上反馈给您！请您耐心等待！”

顾客：“那你们要快一点！”

销售人员：“您放心，滕姐！我们一定会尽快为您处理的！”

两天后，销售人员给滕女士打来了电话。

销售人员：“您好！滕姐！现在您这边的情况厂家已经知晓了，我收到的最新消息是专业技术人员和售后人员正在就您家地板出现的问题进行论证，一有新的消息我会及时反馈给您！”

顾客："好的！"

四天后，销售人员给滕女士打了电话。

销售人员："您好！滕姐，近两天还没有收到厂家方面的最新消息，因为隔了一个周末，无法帮您催办。今天早上一上班，我就给厂家打去了催办电话，要求厂家尽快就您的问题，拿出解决方案。有什么新的信息我会及时反馈给您！"

顾客："好的！"

两天后，销售人员给滕女士打来了电话。

销售人员："您好！滕姐！我刚刚收到厂家的最新消息。为了能够更好地解决您现在的产品问题，我们厂家需要派专业技术人员过来到您家里再看下产品出现的问题，不过您也知道，厂家专业技术人员一般都比较忙，什么时候能抽出时间过来，我这边还没拿到具体的时间，不过请您放心，我一定会催促厂家人员尽快过来！"

顾客："那你要尽快！"

销售人员："你放心吧！滕姐！"

两天后，销售人员给顾客带来了电话。

销售人员："您好！滕姐！你还得耐心等等，我还没收到厂家方面的最新消息！一有新的消息我会第一时间通知您！"

顾客："……"

三天后，销售人员给顾客带来了电话。

销售人员："您好！滕姐！我今天收到了厂家的最新消息。厂家专业技术人员应该最近几天就会动身，请您耐心等待！"

顾客："……"

在厂家专业技术人员没到之前销售人员又主动给顾客打了两通电话，及时安抚顾客情绪并传递了事件的最新进展。

厂家专业技术人员在一周后到达售后问题现场，在对现场进行充分查验并就产品使用过程与顾客进行了详细交流后，承诺顾客会尽快给出处理方案。

三天后，销售人员给顾客打来了电话。

销售人员："您好！滕姐！我刚刚收到厂家最新反馈，关于您家地板出现的问题是因为××原因造成的，导致产品××××原因有很多种，比方说……为了保证能够一次性地帮您解决问题，不频繁地给您添麻烦，厂家给出的处理建议是您再使用观察一段时间，确定产品的质量问题是否还会进一步扩大，如果使用一段时间后，质量问题没有扩大，说明产品已经充分适应了您家里的使用环境，那我们就可以根据这种状况设计合理的解决方案一次性帮你把问题解决掉。如果产品质量范围有扩大，那就说明产品还在不断适应您家里的使用环境，那还得继续观察，直到稳定下来为止。"

顾客："现在处理不可以吗?"

销售人员："现在处理也可以，滕姐！但现在处理明显对您是不利的。假如现在把出现问题的地方帮您修复了，谁也不能保证其他地方不会再出现类似的情况，到那时，你不是还得再折腾一次吗？我们倒无所谓，我怕您折腾不起啊！您说是吧?"

顾客："那得观察多长时间?"

销售人员："具体看情况吧！但厂家给出的回复是从您入住的时候开始算，最长也就一年的时间。木地板一般经过春夏秋冬四个季节的变换，基本就和您家里的使用环境完全适应了，再说，您现在已经使用差不多半年了，最多也就是在观察几个月的时间……"

顾客："你们到时候不会不认账吧?"

销售人员："您这说的哪里话！滕姐！从您给我打第一个电话开始到此刻，我相信您应该能感受到，我甚至比您还着急，我希望这个问题越早解决越好，这样大家都开心，不然我心里也过意不去。毕竟，当时您选择我们的品牌和产品很大程度上也是出于对我个人的信任。如果，你要有什么顾虑，也可以理解，我可以给你写个保证书什么的都可以！”

顾客：“那倒不用……只要你们能够负责就行！”

销售人员：“您放心，滕姐！我们是做品牌的，该我们承担的责任，我们是绝不会推卸的……”

案例点评

从案例A中销售人员的表现可以看出，销售人员首先在售后服务响应阶段就没能做出快速响应，而案例B中的销售人员接到顾客反馈后的当晚就赶到了顾客家里，真正做到了快速响应。

再来看看A、B两个案例中整个售后服务过程销售人员的表现。案例A中的销售人员明显是处于被顾客追着跑的状态，这种被动响应的服务方式明显会加速顾客耐心和原本对品牌和终端信任的流失。而案例B中的销售人员却能够化被动为主动，整个服务过程中始终保持平均2~3天给顾客主动打一个电话，即便没有任何关键信息传达，也要适当地安抚一下顾客的情绪，以表明自己时刻关注事态进展并希望尽快为顾客解决问题的积极态度。

在终端实务操作过程中，很多销售人员在处理售后服务时，对顾客的电话躲都躲不及，最怕的就是接到顾客的电话，又有谁愿意主动给顾客打电话呢？那不是自讨苦吃吗？也正是这种普遍性的心理，导致我们在整个售后服务过程中多半都处于案例A中销售人员的状态下，一直被顾客追着跑，始终处于被动。

但如果我们转念想一想，被顾客追着跑也是跑，主动跑也是跑，那我们为什么不主动跑呢？前者对我们来说毫无益处。后者至少能提供给我们一次塑造态度的机会。面对任何问题，逃避都是无用的，只有积极主动地面对，才是最佳选择。

读过前面章节内容的读者或许还有印象，在针对解决方案延迟交付这个问题的剖析时，笔者曾提出一个观点，即主动是“服务”，被动是“义务”。仔细体会就会发现，“售后服务过程”和“解决方案延迟交付”这两个场景下的顾客心理实际上有一定的相似性，因此，我们应采取的应对策略和服务方式自然也就会存在一定的相似性，即保持主动，避免被动。

为了凸显出 A、B 两个案例中销售人员的工作行为差异，对案例中售后问题的设置选择了大致相同的背景。即处理结论是都需要对售后问题进行一个周期的观察后再进行解决方案的实施。可是案例 A 中的销售人员明显缺乏相关的沟通技巧，不能简单直接地告诉顾客为什么不是马上处理问题，而是要再观察一段时间。这是导致顾客产生误解的原因之一。而案例 B 中销售人员却保持了良好的沟通能力，并通过一定的沟通技巧将厂家处理意见的出发点和能够带给顾客的好处向顾客做了阐明。类似因为交流沟通能力导致的误会在售后服务过程中时有发生。

以上是从单方面看问题，如果从相关角度思考呢？导致案例 A 中顾客情绪的爆发除了对问题处理意见产生误解外，和销售人员的工作表现或多或少也会存在一定的关联。也可以理解为实际上顾客的耐心和信任在几番沟通过后已经所剩无几，这时候，稍微有点风吹草动，都会将沟通氛围激化。

而案例 B 中顾客的情绪始终处在稳定中，没有产生对销售人员的误解。除了销售人员良好的沟通能力和技巧这些因素外，销售人员前期所表现出的积极主动的工作态度也发挥了关键作用。要知道，类似案例 B 中具备一定文化素养的顾客，销售人员是否真诚用心服务，她是很容易感知的。一旦销售人员的态度被顾客感知或察觉，其对顾客信任和耐心的衰减就会起到控制和减缓的作用。

案例A中的销售人员在面对顾客误解和变异心理与行为时，缺乏一定的包容心，这是完全不应该发生的状况。这或许与销售人员不能充分理解顾客在不同场景下的心理差异有关，也正因如此，我们所有问题的阐述和分析都是从分析顾客心理开始的。领导和上级的指导多数情况下只能对我们解决某一个具体的问题起到一定的作用，但是要想真正提升我们的沟通能力和技巧，必须要学会分析顾客在不同场景下的心理差异和特征，并选择正确的应对方式，久而久之，在面对实际工作时才能更加自信和游刃有余。

售后服务结束

再次进行回访，关注产品使用情况

场景：顾客售后服务结束后。

场景分析：经过整个售后服务过程的频繁沟通，当售后服务结束时双方的耐心和精力基本也消耗得所剩无几，有的甚至还是在磕磕绊绊的矛盾争吵中完成的整个售后服务。当售后服务结束时，销售人员自然会如释重负，长长地舒一个口气，心想：“总算结束了！”

可是销售人员的工作真的结束了吗？正常情况下确实结束了，毕竟顾客的问题以其能够接受的方式得到了解决。但如果我们希望通过进一步的服务来重塑品牌和终端在顾客心目中的形象，恢复顾客对我们的信任，那我们的工作仍然还可以做得再细致一点。

在售后服务结束后半年的这个时间段里，顾客的问题虽然被解决了，但顾客仍然存在安全感的缺失，对同类问题是否会再次发生仍伴有担忧。如果售后服务过程中由于各种原因导致了双方沟通氛围的不融洽，那顾客这种安全感的缺失和对同类问题再次发生的担忧程度就会更高。这种状况下，顾客不只是担心问题的发生，对由于问题引发的双方沟通过程也会存在一定的恐惧。

因此，售后服务结束后采取适当的深化服务既有利于弥补我们在售后服务过程中存在的不足，也有利于缓解顾客可能存在的担忧和恐惧心理。

◎ 常见应对方式：

方式一：售后服务结束后，便不再与顾客进行任何形式的主动沟通。

方式二：碍于终端运营管理制度的规定，只是草草打个电话应付了事。

◎ 有效应对方式：

无论是否存在终端运营管理制度的规定，都会在售后服务结束后的一段时间内主动与顾客保持定期沟通，关注产品使用状况，了解有无其他异常。

场景模拟

案例 A

实战背景：A 品牌全屋定制专卖店售后服务结束后阶段。

人员构成：销售人员+顾客。

背景引申：A 品牌全屋定制专卖店运营管理制度规定，针对发生过售后服务的顾客，在售后服务解决方案完成交付后的第 60~90 日，必须完成一次有关售后服务的例行回访。具体选择电话例行回访或入户例行回访由销售人员根据实际情况来定。销售人员贾女士根据工作回顾发现，自己所属的一个顾客售后服务例行回访的时间到了，按常规，该顾客应选择入户例行回访的形式，以表重视。但贾女士感觉该顾客住地稍远，跑来跑去太麻烦，于是选择了电话例行回访的方式……

销售人员："您好！杨姐，我是××品牌全屋定制的小贾，现在产品用得怎么样？没出现什么问题吧？"

顾客："还行，没出现什么问题。"

销售人员："那就好！有时间过来店里坐啊，杨姐！"

顾客："好的！"

案例 B

实战背景：B 品牌全屋定制专卖店售后服务结束后阶段。

人员构成：销售人员+顾客。

背景引申：B 品牌全屋定制专卖店运营管理制度规定，针对发生过售后服务的顾客，在售后服务解决方案完成交付后的第 60~90 日，必须完成一次售后服务入户例行回访。在完成入户例行回访后的第 80~90 日，必须完成一次电话例行回访。销售人员贾先生根据工作计划提示，自己所属的一个顾客可以实施售后服务入户例行回访。贾先生提前与顾客约定好了入户回访的具体时间，经过准备后贾先生在约定时间到达入户回访现场……

销售人员："您好！霍叔！实在抱歉给您添麻烦了！这是给您带的一点儿水果！"

顾客："这么客气！来进屋吧。"

销售人员："产品用得还好吧，霍叔？"

顾客："还行，暂时还没发现什么问题！"

销售人员："我来看看……"

销售人员仔细地对售后服务解决方案进行了查验，并做好了相关记录。

销售人员："挺好的！霍叔！经过仔细检查，没有发现任何异常，您就放心用吧！"

顾客："嗯！那就好！又辛苦你跑一趟。"

销售人员："这都是我们应该做的，霍叔！您不要客气。"

顾客："挺忙的吧，小贾？"

销售人员："确实有点忙，不然早就过来了！霍叔，您对我们店这次给您提供的售后服务还满意吗?”

顾客:“只能说有些地方做得还可以,有些地方还不是很到位!”

销售人员:“那您能说说吗?您的宝贵建议对我们来说非常重要!”

顾客:“比方说……比方说……这只是我个人的看法,总的来说,大的方面还过得去!”

销售人员:“非常感谢您的宝贵建议,霍叔!您刚才的宝贵意见我都记录下来了,回去之后我一定及时反馈给领导!”

顾客:“……”

销售人员:“行,霍叔,那麻烦您这边帮我签个字吧!”

顾客:“好的!”

销售人员:“谢谢!霍叔,那我就不打扰您了,有什么事情可以随时打电话给我,有时间常来店里坐坐!”

顾客:“再坐一会儿吧……”

销售人员:“不了,霍叔,店里还有事情。”

顾客:“那好吧!”

销售人员:“再见,霍叔……”

顾客:“有空过来坐,小贾……”

销售人员:“好的……”

80天之后

销售人员:“您好!霍叔,我是××品牌全屋定制的小贾。”

顾客:“你好啊!小贾!”

销售人员:“霍叔,咱家的产品现在用得怎么样?没有发现什么异常吧?”

顾客:“你好啊!小贾!还行,没发现什么问题!”

销售人员:“那就好!今天刚好有时间,打个电话给您再关注一下!”

顾客:“谢谢你……”

销售人员:“顺便跟您说一下,霍叔!您上次给我提的意见,我都反馈给领导了,我们领导说您的意见对我们很有价值,让我带他谢谢您!”

顾客："你们领导太客气了……"

销售人员："霍叔，咱们产品的使用过程中要注意的细节您还记得吧?"

顾客："记得!"

销售人员："那就好！那我就不打扰您了，记得有顾客要帮我介绍一下啊！霍叔，您看我们的服务多好!"

顾客："好的，好的……"

案例点评

从 A、B 两个案例中终端层面的对比来看，案例 B 对售后服务结束后的延伸服务工作划分更加具体细致，同时也说明了 B 品牌终端对顾客售后服务和顾客满意度的重视力度要高于 A 品牌终端。但 A 品牌终端也不是最差的，业内当前大多数终端都是售后服务结束即结束，不存在类似专门针对售后服务进行例行回访的制度和规定，相较于这些终端，A 品牌终端至少在经营理念层面是过关并值得推崇的。

从案例 A 中销售人员的表现来看，其工作积极性和态度还有待提升。原本按常规应该选择入户例行回访的顾客，销售人员为了省事，转而选择了电话回访的方式。销售人员固然存在问题，但追根溯源，还是终端运营管理制度的问题。如果真像案例 B 中终端运营管理制度规定的那么明确，想必销售人员也一定会按流程和制度办事。

再来看看案例 A 中销售人员的电话例行回访工作过程。按照本章第一节客情维护相关内容来分析，实际上这就是一种流于形式的工作。只有一次例行回访并且还是流于形式，那我们有足够的理由判断 A 品牌终端在售后服务结束后这个阶段能够取得的预期工作成效是非常微弱的，简言之，与不做相比要好一点儿，与做得好的根本没法比。

那案例 B 中的 B 品牌终端以及销售人员的整个执行过程又有哪些

亮点呢？首先，销售人员严格按照终端运营管理制度相关规定执行例行回访工作，工作态度和积极性值得肯定。

其次，销售人员例行回访工作整个流程近似于常规的例行回访，只是关注重点有所侧重而已。这一方面说明B品牌终端制度严明，管理有方；另一方面也说明销售人员对顾客服务的价值认知是充分且深入的。

再次，B品牌终端通过两次例行回访工作划分成功覆盖了顾客售后服务结束后心理处于不稳定状态的关键阶段，能够从更深的层次满足顾客潜在需求，并且这种服务次数的累积和叠加也更容易实现对服务态度的强化，以弥补或再造因售后服务本身造成的品牌形象损失或顾客对己方信任的流失。

最后，通过入户例行回访时向顾客赠予一些平价礼品，以委婉表达歉意，对修复与顾客之间的感情裂痕能起到一定的促进作用。

本章通过两个小节来阐述客情维护与售后服务相关的问题，这些问题看似与销售无关，但如果我们应对合理，处理得当，对我们的销售工作助益很大。如第一节讨论的客情维护，顾客在高满意度状态下其转介绍的发生率才能有所保证，而一旦发生转介绍，其成交概率相对于陌生顾客而言要高很多，并且在整个销售过程中不需要我们像面对陌生顾客那样投入更多的时间和精力。

而售后服务虽不能保证实现顾客的高满意度，但可以保证顾客不会因为对售后服务的不满而到处传播有关品牌和终端的负面信息，这也可以看作变相地促进了销售。

在很多情况下，由于顾客自身原因导致的售后服务，如果我们的服务及时有效，甚至会让顾客对我们倍加感动，这种案例在终端随处可见。因此，正确的销售工作价值观应该是全面且长远的，我们不但要专注于当下处于销售进程中的工作，还要照顾到那些能够积极推动并促进销售目标实现的工作。

第十四章 顾客心理分类与对策

通过前面各章节的分析阐述，我们似乎已经认识到不同场景下的顾客心理分析与把握对销售目标达成的重要性。但由于顾客之间存在各种各样的人格特质差异，甚至有时顾客所处的不同情境对其的心理特征与行为表现也会产生重要影响，直接导致的结果是同一种场景下不同顾客可能会存在截然不同的两种心理，或心理特征与行为表现在强度上存在明显差别，这些不确定的因素和差别一定程度上给我们精准识别和把握顾客心理带来了困难和挑战。

虽然笔者也试图通过背景分析、案例点评等环节的阐述来帮助大家充分认识不同场景下的顾客心理，但这毕竟是有限和片面的。客观现实决定了我们既不可能把现实销售过程中所有的场景及各种各样的细微差别都描述一遍，也不能保证终端现实销售过程中完全按照我们的场景模拟设计来演绎。之所以这么做是希望把道理变得生动、简单、通俗易懂，更容易为大家所理解和接受。因此，大家在将知识、经验和方法用于指导实践过程中时，千万不要忘记了灵活变通。

如上所述，顾客心理变化多端，现实销售背景纷繁复杂，销售人员经验和能力参差不齐，这些都是客观存在的既定事实，是不以我们的主观意志为转移的。但在纷繁复杂的表象背后，若仔细推敲和考察，还是会有一些不变或相对稳定的现象存在，我们也可以把这些现象视为行业终端销售过程中可识别、可把握和可运用的普遍规律。

那这些规律是什么呢？这些规律实际上就是普遍存在于顾客群体中

且具有明显代表性的能够被识别、被把握和被运用的人格特质，以及在这些人格特质的作用和影响下顾客潜藏或表现出的一系列心理与行为倾向。这也是本章所要讨论的内容。

如果说前面章节讨论的是与行业终端销售战术、方法和经验有关的内容，注重的是对细节的分析与把控；那么本章讨论的则是与行业终端销售策略、路径和方式有关的内容，强调的是对宏观层面的审视与掌控。一个是关注现象和细节，一个是关注规律和原则。当我们不能面面俱到地掌控和认识所有时，把握根本显然成了我们的最佳选择。

为了便于对规律的把握和认识，我们首先需要对整个潜在顾客群体进行分类。根据潜在顾客群体中个体人格特质的差异，本着抓住大多数，放弃极少数，保留代表性，摒弃极端性的总原则，大体将潜在顾客群体分为八个类别，分别为理性消费顾客、感性消费顾客、有主见消费顾客、无主见消费顾客、定向消费顾客、随性消费顾客、异常消费顾客和从众消费顾客。

理性消费顾客

与顾客沟通过程中保持客观性，善用品牌优势

理性消费顾客是指顾客在整个产品消费过程中所持有的希望通过一系列的方法和措施来降低购买决策风险的消费观念和心理倾向。

理性消费顾客群体的特点包括全面性、主动性、对比性、批判性、求实性和审慎性。

理性消费顾客群体画像：

年龄：35 岁以上的社会人士。

性别比例：男性约占 70%，女性约占 30%。

观感：个人形象干净整洁。

表达：讲话时条理清晰，富有逻辑，喜欢较真。

社交：社交能力因人而异，情商低。

内心：淡定自若，心如止水。

职业关联度：金融行业工作者（银行、保险、证券等）；财务类工作者（会计、出纳、审计等）；医务类工作者（医生、护士）；科研类工作者（工程师、研究员、调研员等）；咨询类工作者（咨询顾问、律师、法务）；高等院校教师；部分个体工商户；采购等。

◎ 理性消费顾客群体的外显行为：

理性消费顾客群体的外显行为主要表现为信息收集全面、对比和评价范围大；决策周期长；不盲目相信；注重权威；热衷于信息推理。

信息收集全面：顾客不但全面收集产品本身的信息，同时还收集与产品相关的品牌、生产厂家、产地、服务口碑和竞品等各方面的信息。

对比和评价范围大：在做出购买决策前，顾客会采取全面综合性的对比方式对品牌进行评判对比，不但要考虑价格、款式、花色等因素，还要考虑风格匹配、个人喜好、服务体验等因素。

决策周期长：因为理性消费顾客在信息收集和品牌评价阶段投入的时间较多，导致其决策周期也会延长。其常常表现出一种不急于做出购买决策的状态。

不盲目相信：顾客通常会质疑销售人员的话语，有的会当面向销售人员发出疑问，有的则会在暗地里通过一些措施和手段来求证销售人员传达的信息内容的真实性。

注重权威：顾客对非利益相关的第三方媒体、平台、机构或个人对目标终端（品牌或产品）做出的检验、评定、评价或推荐更容易信赖和接受。

热衷于信息推理：顾客通常会通过店面放置的一些物品来推断其他信息。如通过店面放置的一双拖鞋或高跟鞋来推断这家店面的品牌层次和运营规范性，进而推断终端实体对产品或服务的细节重视程度等。

◎ 应对策略：

（1）对顾客的咨询、询问和质疑要表现出足够的耐心。

（2）要时刻保持沟通内容的客观性，或表明自己所持有的客观看待问题的观念。如建议顾客多作对比以便做出更优决策等。

（3）强调己方在同类品牌中的综合竞争优势。

（4）善于借助各类新闻媒体对品牌做过的正面历史报道、品牌获得的各类荣誉资质、厂商获得的各类荣誉资质、产品性能或质量的检验或认证报告等信息工具向顾客传递信息。如产品检测报告、环保检测认证、专利证书、十大品牌评选证书等。

感性消费顾客

时刻保持热情积极的工作态度，善用实景图或体验功能

感性消费顾客是指顾客在产品选择与购买过程中希望借助知觉和体验等方式来实现对备选品牌的评价、比较直至做出购买决策。

感性消费顾客群体的特点包括感知性、体验性、互动性、平时性和通俗性。

◎ 感性消费顾客群体画像：

年龄：各年龄段。

性别比例：女性约占75%，男性约占25%。

观感：饱满的外在形象，丰富多彩的穿搭。

表达：自由随意，热情亲切。

社交：社交能力强，情商高，喜欢在社交媒体发布自己的动态。

内心：渴望被关心，期望被关注。

职业关联度：居家人士（全职太太）；普通职员（工厂职工、企事业单位职员等）；微商、电商或直销工作者（微商、电商小规模个体经

营者、正在从事直销或曾经从事过直销的工作者）；部分个体工商户等。

◎ 感性消费顾客群体的外显行为：

感性消费顾客群体的外显行为主要是相信感觉、直觉和第六感；注重服务与体验；排斥枯燥、生硬的专业知识灌输；乐于接受图片、视频等易于消化和理解的信息传达方式。

相信感觉、直觉和第六感：顾客非常注重对终端店面的第一印象，如店面环境是整洁温馨还是脏乱，与其接触的销售或服务人员个人职业形象是规范严谨还是任性随意，店内空间是否拥挤压抑，店内光线是否舒适等。

注重服务与体验：顾客对销售人员的工作态度、服务方式比较在意，如销售或服务人员是否热情并注重礼节，是否让自己感受到被尊重。对产品模拟使用和产品实际交付现场观摩这样的互动体验活动有浓厚的参与兴趣。

排斥枯燥、生硬的专业知识灌输：顾客对销售人员的专业知识讲解通常都表现出不耐烦或没兴趣。如会主动打断销售人员的介绍或岔开话题等。

◎ 应对策略：

（1）做好终端店面的标准化和规范化管理，保持终端和店面时刻处于最佳状态。许多终端店面不在意店面形象的管控，一些与店面经营无关的物品随处可见。如高跟鞋、拖鞋、睡椅、产品配件或辅料、小孩子的玩具等。这些不该出现的物品会直接拉低了终端的品牌层次，对于一些比较重视第一印象的顾客群体，他们甚至连说话的机会都不会留给销售人员。

（2）销售人员应保持热情积极的工作态度，重视服务细节和礼节。如通过满含热情的迎来送往传达出对顾客的热情和欢迎程度，通过用托盘递水的形式来表达我们对细节的苛求并以此彰显对顾客的尊重。这些小细节如果把握到位，对感性消费顾客群体来说都是加分项。

（3）用生活化或通俗化的方式来介绍产品，多采取举例、打比方的方式来辅助产品相关知识和卖点的讲解，必要时可以借助一些销售工具来辅助沟通。很多销售人员在向顾客介绍产品时喜欢“背课文”，不但浪费时间还把自己搞得十分辛苦，而结果很有可能是顾客仍然对产品一知半解。这是严重的工作方向设计失误。

（4）多使用实景效果图片、企业形象宣传片、产品工艺与结构展示图片或视频、产品模拟使用或功能测试视频等类似的形式向顾客传递信息。

（5）通过产品模拟使用和入户观摩的方式强化顾客对产品的体验。如鼓励顾客对产品进行模拟使用，强化其对产品功能和价值的体验。再如引导顾客到已经完成产品交付的顾客家中观摩实际效果等。

有主见消费顾客

少说多听，当一个辅助配合性角色

有主见消费顾客是指顾客在产品消费过程中所表现出的以自我主观判断为依据倾向于独立自主作出购买决策的消费理念和行为习惯。

有主见消费顾客群体的特点包括独立性、自主性、主观性和主导性。

有主见消费顾客群体画像：

年龄：各年龄段。

性别比例：男性约占 75%，女性约占 25%。

观感：有气场，威严。

表达：主动表明自己的观点和立场，并持续强化，沟通过程中会给销售人员制造轻重不一的压迫感。

社交：社交能力强，情商一般。

内心：内心强大，立场坚定。

职业关联度：私营企业主；企事业单位管理者；行政、人事类从业者（企事业单位行政岗位人员、人事岗位人员等）；中小学校教职人员（部分高中老师、中小学老师、幼儿园园长等）；部分经营规模较大的个体工商户等。

◎ 有主见消费顾客群体的外显行为：

有主见消费顾客的外显行为主要是较少或从不征求他人意见；对销售人员的引导和推荐多数情况下会无动于衷；希望主导整个消费过程。

◎ 应对策略：

（1）销售人员应少说多听，特别是那些工作作风强势喜欢帮助顾客做出决策的销售人员更加需要注意。

（2）不要与顾客进行辩论或反驳，这在顾客看来可能是在冒犯他（她）的权威。将自己定位成一个辅助配合性的角色更有利于与顾客实现良性沟通。

无主见消费顾客

敢于帮顾客做决定

无主见消费顾客是指顾客在选择和购买产品时因缺乏自主判断和决策能力而导致的犹豫不决或决而不断的心理与行为障碍。

无主见消费顾客群体的特点包括矛盾性、反复性和缺失安全感。

◎ 无主见消费顾客群体画像：

年龄：各年龄段。

性别比例：女性约占 85%，男性约占 15%。

观感：大众化的外在形象，并不十分适宜或恰当的穿搭方式。

表达：问题较多，见解较少。

社交：社交能力一般，喜欢在社交媒体上转发别人的见解或泛泛之谈。

内心：矛盾纠结，因安全感缺失导致的持续性疑虑。

职业关联度：居家人士（全职太太）；普通职员（工厂职工、企事业单位职员等）；微商或直销工作者（微商、正在从事直销或曾经从事过直销的工作者等）；从事农林牧渔行业生产的工作者；部分小微个体工商户；流动商贩；其他基层群众等。

◎ 无主见消费顾客群体的外显行为：

无主见消费顾客的外显行为主要是愿意听取他人意见；容易被他人引导和左右；决策困难；希望在他人帮助下完成购买决策；容易反复。

容易反复：无主见消费顾客群体通常会自我否定。比如解决方案（初稿）在已获顾客通过的情况下，顾客可能因为别人的一句话即推翻原来的方案。再如顾客已经基本就产品款式或花色与销售人员达成了共识，但又无故反悔。

◎ 应对策略：

（1）在顾客没有其他家庭成员或第三人协助其做出购买决策时，销售人员要敢于替顾客做主，或通过各种方式来增加其决策自信。如"刘姐，相信我，就定这一款，我都做了××年了，经过我搭配的顾客几乎没有不满意的！"或"刘姐！您一定想要相信自己的眼光，您看好的这一款在我们店卖得不错，我也认为它非常适合您！"

（2）销售人员一定要坚定立场，无论顾客怎样纠结，始终坚持推荐适合顾客的那一款产品。

（3）在顾客有携带其他家庭成员或第三人参与购买决策时，要对这些人员表示出足够的尊重，切不可因为对方的一些不和谐的语言或行为就将其视为“搅局者”。销售人员应该给他们尽可能提供舞台，协助他们在朋友或家人面前展现自身的优势，实现自我的价值。这样既有利于双方沟通氛围的融洽，也有利于借助对方在顾客心目中的影响力辅助顾客做出购买决策。

定向消费顾客

利用各种工具来充分展示产品品类，肯定顾客审美

定向消费顾客是指顾客在产品选择和购买时所表现出的具有明确购买方向或目标的消费心理与行为倾向。

定向消费顾客群体的特点包括方向性、目标性和确定性。

定向消费顾客群体画像：

年龄：各年龄段。

性别比例：无明显性别分化。

观感：不定。

表达：沟通内容只聚焦于其中意的产品。

社交：无明显标志。

内心：追求简单高效。

职业关联度：泛家居建材行业从业者（业内人士、装修公司设计师、各工种技术人员）；建筑与施工管理人员（项目经理、现场经理等）。

定向消费顾客群体的外显行为：

定向消费顾客群体的外显行为是购买决策周期短；浏览商品速度快；快速离店或长时间逗留。

浏览商品速度快：顾客初次进店后即采取扫视的方式快速浏览商品，多数行进速度快。

快速离店或长时间逗留：顾客初次进店快速浏览完所有商品后，要

么快速离店，要么就某一款产品开始主动与销售人员展开长时间交流。

应对策略：

（1）针对打算离店的顾客，销售人员应充分借助产品宣传图册、产品电子图册（平板电脑）、官网等销售工具来拓宽顾客对己方产品结构的了解范围，尽最大可能降低因店面展示空间有限所造成的潜在顾客流失。

（2）针对就某一款产品主动提出询问的顾客，我们一定要对顾客的审美表示出足够的欣赏和认可。将该款产品的优势和卖点做一个全面细致的介绍。

随性消费顾客

陪顾客聊装修、聊家庭、聊孩子，话题越多越好

随性消费顾客是指顾客在产品选择与购买时所表现出的相对随性和顺其自然的消费心理和行为倾向。

随性消费顾客群体的特点包括随意性、开放性和无谓性。

随性消费顾客群体画像：

年龄：各年龄段。

性别比例：无明显性别分化。

观感：穿着随意，无拘无束。

表达：随心而动，想到哪儿说到哪儿。

社交：社交能力强，情商高，人缘好。

内心：随遇而安，差不多就行。

职业关联度：居家人士（全职太太）；普通职员（工厂职工、企事业单位职员等）；从事农林牧渔行业生产的工作者；部分小微个体工商户；其他普通群众等。

◎ 随性消费顾客群体的外显行为：

随性消费顾客群体的外显行为是不过多关注产品细节；对产品花色款式没有明显的目标倾向；简单了解下产品即询问价格。

◎ 应对策略：

（1）在顾客询问价格的时候，要借机塑造一个最佳购买机会。如：“您来的可真巧，我们现在正在/即将做一场促销活动，原价是××元，活动价是××元！”或“您来的可真巧，我们厂家正在征集样板房，如果您各方面条件都具备，符合我们样板房的标准，那么你说的这款产品价格还是蛮优惠的！”一方面向顾客传达机会，另一方面借机将话题焦点从价格引向具有丰富交流内容的其他话题单元，保证与顾客的沟通能够有一个良好的开局。

（2）陪顾客好好聊，聊出感情和擦出火花最好。装修、家庭、子女教育、婚姻感情、美食等生活话题越多越好，涉及话题越多，与顾客聊出感情和擦出火花的概率也就越大。与销售人员是否聊得好、聊得开心会成为影响随性消费顾客购买决策的一个重要因素。

异常消费顾客

着重推荐新、奇、特、潮等设计师款产品

异常消费顾客是指顾客在产品购买过程中所表现出的希望自己所购买的产品具备较高的识别度并与大众审美产品区别开来的消费心理和行为倾向。

异常消费顾客群体的特点包括差异性、小众性和区分性。

◎ 异常消费顾客群体画像：

年龄：各年龄段。

性别比例：无明显性别分化。

观感：个人形象突出，行为举止有别于大众。

表达：较少沟通互动，不善于表达。

社交：情商低，朋友少，个人动态或转发动态多与艺术、美学和哲学相关。

内心：孤独、淡漠、清高。

职业关联度：艺术类从业人员（各类设计师、艺术从业者、摄影师等）。

异常消费顾客群体的外显行为：

异常消费顾客群体的外显行为是有着异于常人的个人外在形象；重视产品的区分度；注重产品的外观设计；有深层次的审美诉求。

异于常人的个人外在形象：顾客常常身着奇装异服或将个人形象塑造成有异于常人的样子。如男士留长发或小胡子，女士戴精致的帽子或各种手串儿。

应对策略：

（1）着重推荐新、奇、特、潮类型的产品和曾经获得专利或设计奖项的产品，如果终端有设计师款产品自然要首推。

（2）极力渲染顾客审美倾向的小众性和异于常人。

从众消费顾客

主推畅销款，多用样板房或已成交顾客信息

从众消费顾客是指顾客在产品消费过程中所表现出的趋向于与大多数人的购买决策相一致的消费心理和行为倾向。

从众消费顾客群体的特点包括从众性和盲目性。

从众消费顾客群体画像：

年龄：各年龄段。

性别比例：无明显性别分化。

观感：常规、普通。

表达：问题浅显、理解有限。

社交：情商较高，朋友多，经常在社交媒体发布个人动态或转发泛泛而谈。

内心：热情随和，愿意分享。

职业关联度：居家人士（全职太太）；普通职员（工厂职工、企事业单位职员等）；从事农林牧渔行业生产的工作者；部分小微个体工商户；其他普通群众等。

◎ 从众消费顾客群体的外显行为：

从众消费顾客群体的外显行为是喜欢随波逐流；倾向于选择市场热销产品；对周围人际已经或正在做出的购买决策有强烈的追随意愿。

倾向于选择市场热销产品：顾客多半会主动询问店内畅销产品或近一段时间的流行性产品。

◎ 应对策略：

（1）通过促销活动对此类顾客进行集中转化。

（2）主要推荐店面畅销款式。

（3）借助样板房顾客或已完成产品交付的高满意度顾客对此类顾客施加正向积极影响。

以上八种类别的顾客消费群体，有的类别之间可能存在高度的耦合。如同一个顾客既有感性消费群体的特征，又有无主见消费群体的特征。我们可以将这种现象称为双元类别耦合。类似的双元类别耦合还有理性消费和有主见消费的耦合、从众消费和随性消费的耦合等。

在面对这类顾客群体时，我们首先要判定其耦合程度，多数情况下，双元耦合类型的顾客群体总是在某一类别群体特征方面表现得更明显，而另一类别的群体特征表现得不甚明显。这种状况下，我们只要把握好主次即可。还有一种情况是两个类别不相上下或很难区分，这时就需要我们双管齐下，灵活应对了。

除双元类别耦合外还有可能存在三元类别耦合，具体可参考双元类别耦合的应对措施。需要说明的是，随着耦合程度的提高，从众消费和无主见消费的群体特征会越来越清晰，也可以理解为类别耦合的极限或终点就是从众消费或无主见消费。

以上八种类别顾客群体的划分和描述，仅供各位读者做参考，大家可自行在实际工作中对不同类别的顾客进行更加细致的分类和刻画，以提升对不同类型顾客群体的识别和判断能力。对不同类型顾客群体的应对措施，应多加总结和反思，不断丰富自己的销售策略数据库。

我们经常在终端实务操作过程中看到这样的情景：终端经营者（老板、老板娘）或资深店长在主导一些销售工作时，很快就够与顾客建立感情链接，快速取得顾客的信任，从而高质高效地完成销售工作。可是当销售人员要求他们分享具体该如何做时他们却又不知该从哪里说起。即便勉为其难地讲了几句，但大多数都也已经是老生常谈。为什么会出现这样的结果呢？原因是他的这些经验和能力来自日积月累，处于他的潜意识当中，你让她（他）在正常环境下自如地表达存在他们潜意识里的东西，这不是明显为难他们吗？

那他们潜意识里到底是什么呢？实际就是我们上文所讲的对潜在顾客的分类以及针对不同类别顾客的应对措施。在他们的潜意识里，存在一个顾客类别图谱，针对同顾客类别，会有相应的应对措施和方法。比如和某一类顾客应该怎么沟通，聊什么内容，在他们潜意识里的顾客分类图谱中都是有迹可循甚至是有历史内容沉淀的。并且这个顾客类别图谱以及相对应的措施和方法会随着其工作年限的增长而不断被丰富和填充，以保证他们在实际销售工作中能够游刃有余。

或许有读者会说，既然有为啥还说不出来呢？因为这些素材都存在于潜意识当中。在正常状态下潜意识的大门是关闭的，他们自己也是进不去的，只有当条件具备时，潜意识的大门才会豁然打开，里面的有关顾客的分类图谱及对应的应对措施和方法等内容才能够被激活，才能够为其所用。那这个条件是什么呢？这个条件就是有真实的顾客，有实际的销售场景。

反应快的读者马上提出建议，我们可以通过与他们进行现场模拟演练的方式来让他们分享，这不就可以了吗？这的确是个办法，至少比让他们自己说要好很多，但是这仍然不够。因为这种“情景剧”只是近似地还原了实际销售现场，但因为它是假设的，潜意识会与之进行对抗，潜意识的大门也不会向其开启，最多就是打开了一个窗口，能取出来的东西自然也是有限的。因此，在实际演练中，我们会发现，这些资深人士能发挥出他们真实水平的三四成就已经非常不错了。

由于顾客分类图谱及其相关内容的形成是一个无意识的过程，导致的结果是这些信息内容在基础层面缺乏逻辑框架，在内容层面缺乏系统性和结构性，这在一定程度上也为经验方法的分享传播形成了障碍。结果就是能分享出来的信息内容有限且松散，缺乏条理性，不利于信息内容接收者的转化和吸收。因此，销售人员要充分理解他们，千万不要误认为是他们不想倾囊相授或故作高深，他们确实也有苦衷。

那么如何来破解这些问题呢？我们可以遵循上文对潜在顾客分类的

模式和方法，构建属于自己的顾客分类图谱以及相对应的措施和方法。并且通过实践的打磨和验证，不断优化和完善这个分类图谱。而在优化和完善这个分类图谱的过程中，可以寻求你的老板或资深店长等实战经验丰富的资深人士的帮助了，让他们提建议、给方法。而在这种状况下，你也不必担心他们很多干货拿不出来给你，因为此时你手上已经有了一把打开他们潜意识大门的钥匙。

实际是，行业终端销售能力的提升过程就是一个顾客分类图谱及其相关内容从无到有，从粗犷到细致，从低效到高效的过程。但这个过程有无意识和有意识之分，无意识的形成过程比较漫长，效率较低。而有意识过程则主动性较强，效率较高，且有利于对已经掌握的知识和经验数据库进行技术更新和维护。最主要的一点，当我们有了顾客分类图谱之后，我们也多了一把打开比我们更资深的其他团队成员潜意识经验大门的钥匙，在那里我们可以疯狂地汲取养分为己所用，这对我们个人成长来说，是最好的杠杆和加速器。